CINQUENTA ANOS ESTA NOITE

CINQUENTA ANOS ESTA NOITE

O GOLPE, A DITADURA E O EXÍLIO

JOSÉ SERRA

1ª edição

EDITORA RECORD
RIO DE JANEIRO • SÃO PAULO
2014

CIP-BRASIL. CATALOGAÇÃO NA PUBLICAÇÃO
SINDICATO NACIONAL DOS EDITORES DE LIVROS, RJ

S497c
Serra, José, 1942-
Cinquenta anos esta noite / José Serra. – 1. ed. – Rio de Janeiro: Record, 2014.

Inclui índice

ISBN 978-85-01-04217-0

1. Serra, José, 1942-. 2. Políticos – Brasil – Biografia. I. Título.

14-12290
CDD: 320.981
CDU: 32(81)

Copyright © José Serra, 2014

Todos os direitos reservados. Proibida a reprodução, armazenamento ou transmissão de partes deste livro através de quaisquer meios, sem prévia autorização por escrito. Proibida a venda desta edição em Portugal e resto da Europa.

Texto revisado segundo o novo Acordo Ortográfico da Língua Portuguesa.

Direitos exclusivos desta edição reservados pela
EDITORA RECORD LTDA.
Rua Argentina 171 – 20921-380 – Rio de Janeiro, RJ – Tel.: 2585-2000

Impresso no Brasil

ISBN 978-85-01-04217-0

Seja um leitor preferencial Record.
Cadastre-se e receba informações sobre nossos lançamentos e nossas promoções.

Atendimento direto ao leitor:
mdireto@record.com.br ou (21) 2585-2002.

EDITORA AFILIADA

À memória de meus pais, Serafina e Francesco,
e de meus avós Carmela e Steffano.

A Luciano, Veronica e Monica.

*La vida no es la que uno vivió,
sino la que uno recuerda, y cómo
la recuerda para contarla.*

Gabriel García Márquez

Agradeço a Marcelo Cerqueira e Duarte Pacheco Pereira pela memória auxiliar; a Luciana Marin pelo incentivo, a Mayla di Martino pelos comentários e revisões, e a Sonia Hitomi pelo trabalho de apoio. Egídio Bianchi, Marli Gouveia e Regina Faria me esclareceram alguns dos episódios que relatei.

Sumário

CAPÍTULO I	Cinquenta anos esta noite	13
CAPÍTULO II	Na UNE do Flamengo	53
CAPÍTULO III	Sem pátria vagando	91
CAPÍTULO IV	O Brasil, desde longe	115
CAPÍTULO V	Clandestino no Brasil	139
CAPÍTULO VI	A família chilena e a felicidade da formação	161
CAPÍTULO VII	Socialismo sem empanadas e vinho	199
CAPÍTULO VIII	Tempos brutos, tempos sórdidos	209
CAPÍTULO IX	Exilado ao quadrado	223
CAPÍTULO X	O regresso	245
ÍNDICE ONOMÁSTICO		257

CAPÍTULO I

Cinquenta anos esta noite

— Presidente, nós defendemos que o pedido de estado de sítio seja retirado. Ele vai suprimir as garantias constitucionais e fortalecer a direita. Vai acabar se voltando contra o povo, contra seu governo e contra o senhor mesmo.

— Olha, jovem, não precisas te preocupar, porque antes de vir aqui já tomei providências para retirar o projeto do estado de sítio. Não deixem esta notícia circular, pois vou anunciar depois de amanhã. Acho bom continuarem falando contra ele daqui até lá. Direi que atendi o pedido de vocês. Mas o estado de sítio não era contra o povo, não. Ao contrário. Eu sei das dificuldades que tenho... Agora vou dizer uma coisa: eu não vou terminar este mandato, não. Não chegarei até o fim.

O presidente era João Goulart. O jovem, o presidente da União Nacional dos Estudantes (UNE), eu. Num domingo de outubro de 1963, num apartamento em Ipanema, estávamos uns oito dirigentes da Frente de Mobilização Popular, a FMP. Ao abrir a reunião sigilosa, o deputado Leonel Brizola sugeriu que eu expusesse os motivos de nossa rejeição ao estado de sítio que Jango solicitara ao Congresso. Na FMP, havia tensão entre duas alas: a brizolista e radical, e a moderada, que se alinhava com o Partido Comunista Brasileiro (PCB) e o governador de Pernambuco, Miguel Arraes. O PCB era a força hegemônica da Frente do Recife, que elegera Arraes prefeito e depois governador. Dentro da FMP, a UNE era tida como não alinhada.

Sentado numa cadeira estofada, João Goulart tinha uma perna esticada num banquinho. Falava sem fixar os interlocutores nos olhos e parecia cansado. Mas foi cordial até quando um dirigente do Comando Geral dos Trabalhadores (CGT), Demístocles Batista (Batistinha, poderoso dirigente dos ferroviários), entregou-lhe uma cópia da carta-testamento de Getúlio Vargas e insinuou que o presidente não a respeitava. O constrangimento foi geral. Só Jango não se abalou.

Depois da conversa, fomos para o lanche, num outro lado da sala. Ficamos de pé, num ambiente descontraído pelos sanduíches frios, refrigerantes e pelo enjoativo vinho branco alemão que estava na moda. Bebidas destiladas, nem pensar; não apareciam em reuniões políticas. Enquanto tomava vinho, Jango me puxou para o lado e disse, em tom confidencial, algo que me deixou sem graça:

— Sabe, Serra, os militares vivem me dizendo que a tua UNE, e tu mesmo, mereciam umas boas palmadas. Mas eu defendo vocês, sabia? Eu te defendo. Sei o que me custa. Vocês devem se cuidar.

Conforme o combinado, saí do encontro em Ipanema com a tarefa de ir às emissoras de rádio Mayrink Veiga e Nacional — as que melhor acompanhavam a política e tinham repercussão nacional — e pedir a retirada do pedido de estado de sítio. Fui com Brizola à Mayrink. Ele falava muito bem ao microfone. Sabia explicar seus pontos de vista e dominava a alternância entre o tom de discurso e o coloquial, além de usar parábolas e imagens curiosas. No rádio, só Jânio Quadros e Carlos Lacerda, não obstante o azedume de ambos, podiam competir com o deputado gaúcho, cunhado do presidente. Falamos o que tínhamos a dizer e fomos embora. Segui para a outra emissora e repeti os argumentos.

Com o passar das horas, o constrangimento que sentira na reunião com o presidente mudou de natureza. Firmei a convicção de que o governo não iria se aguentar, seria fatalmente derrubado. Fiquei assombrado ao ouvir do presidente da República a previsão — convincente — sobre o final do seu mandato antes da data prevista pela lei.

Pior do que isso: ele estava conformado com o destino. Não fizera a previsão de derrota por chantagem emocional, para levar-nos a apoiar suas ações políticas. Nem para que mobilizássemos os trabalhadores e os estudantes para defender o seu mandato. A resignação o dominava.

Por previsível que fosse, impressionou-me que Jango contasse que chefes militares faziam ameaças à UNE e a mim. Se comandantes próximos ao presidente agiam assim, o que esperar dos oficiais mais à direita? Em nenhum momento, nos meses seguintes, a ideia de que Jango seria posto para fora do poder saiu de meu pensamento. Cravou-se nele como um alfinete espetado no braço, e se aprofundava dia após dia.

O lance de pedir o estado de sítio fora ousado. O governo enviara o projeto ao Congresso, dentro do que previa a Constituição. Na Câmara, a relatoria ficou nas mãos do Partido Social Democrático, o PSD — de centro, o maior do parlamento e que, em tese, apoiava Jango —, com o experiente deputado Vieira de Mello, que anunciou um substitutivo que esterilizaria a medida. Mas Jango de fato tinha o propósito de implantar o estado de sítio. Queria um regime de exceção, nominalmente transitório, para intervir na Guanabara e em São Paulo. Assim, afastaria do poder os principais governadores que lhe faziam oposição, Carlos Lacerda e Adhemar de Barros. Se não acolhesse o projeto na forma original, o Congresso entraria em recesso e seriam convocadas eleições para dali a seis meses, de vereador a presidente. Jango assegurava que não se candidataria. Nesse ínterim, seria preparada uma ampla mudança constitucional, nela previstas as "reformas de base", termo criado pelo ex-deputado e ex-ministro San Tiago Dantas e que viera para ficar. Todo o pacote seria então submetido a um plebiscito.

A proposta do estado de sítio fora transmitida aos diretores da UNE pelo CGT na madrugada de quinta para sexta-feira. Numa reunião de manhã cedo, com alguns membros da Frente de Mobilização Popular, tomamos conhecimento do projeto, apresentado por Brizola, que parecia atraído pela ideia, como vários dos participantes. Ele mesmo resumiu a intenção subjacente do governo, que levaria na prática a um regime de exceção. Lá estavam dois vice-presidentes da UNE, Duarte Pacheco Pereira e Marcelo Cerqueira. Eu estava na Bahia, num comício que comemorava o décimo aniversário da Petrobras, no dia 3 de outubro.

Em torno da hora do almoço, houve uma reunião mais completa da Frente, que deveria firmar uma posição. Os dois vice-presidentes que representavam a UNE manifestaram claramente sua discordância com a medida, argumentando que aquele processo desembocaria na quebra da legalidade democrática, num golpe. Levaram até um documento para resumir seu ponto de vista. Na mesma linha, falou o deputado Almino Affonso, ex-ministro do Trabalho de Jango e o parlamentar mais respeitado do Partido Trabalhista Brasileiro (PTB). Os dois estudantes e Affonso pautaram a FMP, inclusive Brizola, que fora o portador da proposta.

Eu estava num hotel de Salvador dormindo, e a telefonista não quis me passar a ligação de madrugada. Só me inteirei da proposta ao longo da manhã. Miguel Arraes e Osvaldo Pacheco, dirigente do CGT, também estavam lá. Demos declarações à imprensa nacional rejeitando o estado de sítio e convencemos o governador baiano, Lomanto Júnior, do PTB, a se pronunciar contra. Seis meses depois, ele apoiaria o golpe que destituiu Goulart.

Suspeitávamos que o esquema militar do governo teria alcance para além do Rio e de São Paulo, e que promoveria três outras intervenções: no CGT, na UNE e em Pernambuco, então governado por Arraes. Seria uma questão de tempo. Afinal, era o que até oficiais mais próximos ao presidente queriam. E as regras do estado de sítio permitiriam isso.

Jango não tinha personalidade autoritária nem era um golpista inveterado, à moda de Carlos Lacerda. Sabíamos que havia tido chance de promover um golpe no passado recente, talvez em condições mais propícias para si. A possibilidade surgira quando o general Amaury Kruel era chefe da Casa Militar — e depois ministro da Guerra — e o general Osvino Alves comandava o poderoso Primeiro Exército. Contudo, Jango não o fizera. Ao contrário: tirara Kruel do Ministério da Guerra (embora o nomeasse para o Segundo Exército) e não promovera Osvino para o seu lugar, consolando-o com a presidência da Petrobras.

Não creio que Goulart tivesse atuado de forma entusiasmada na confecção do roteiro que ia do estado de sítio ao regime de exceção. Mas embarcara nele. Acreditava que era a única saída para as crescentes dificuldades do Planalto. Pelo nosso lado, achávamos — e eu estava convencido disso — que, se o presidente forçasse a marcha do projeto, perderia rapidamente o controle e abriria o caminho para uma ditadura militar de verdade. Suprimir as garantias e liberdades constitucionais e substituir governadores de três estados por generais, aquilo resultaria no quê? Pior, tudo isso com o apoio da UNE e da Frente de Mobilização Popular, caso embarcássemos na aventura.

Ao longo da reunião na hora do almoço e depois de breve hesitação, os diferentes integrantes da FMP foram tomando posição contrária à proposta do estado de sítio. Mas ela não deixou de prosperar só por causa disso, nem por causa do Congresso — ou seja, devido à oposição da esquerda e do centro. O estado de sítio não foi adiante porque Jango não encontrara o suporte militar necessário.

A ausência de sustentação nas Forças Armadas ficara evidente naqueles dias. O governo federal acionara o seu esquema militar — ou lhe dera sinal verde — para prender o governador da Guanabara. Carlos Lacerda, provocador como só ele, havia dado uma entrevista ao jornal *Los Angeles Times* e dissera que "os nossos amigos americanos não deveriam dar nenhuma ajuda ao governo criptocomunista de João Goulart". E vaticinou que o presidente não terminaria o mandato. A operação para a detenção de Lacerda, que envolvia os paraquedistas, fracassou. O motivo para prendê-lo era bisonho, por certo. Mas era gravíssimo que a Presidência da República tivesse dado uma ordem de prisão e seus subordinados não tenham conseguido cumpri-la.

A percepção de que, à sua maneira, Jango preparava-se para sair confirmou-se diante da lógica dos fatos nos meses seguintes. Ele não sairia da vida para entrar na história, como Getúlio, mas deixaria o cargo e iria para sua fazenda em São Borja, como um líder popular injustiçado, que batalhara pelas reformas de base e por isso fora derrubado. Nessa condição, quem sabe, seria um dia chamado de volta.

Pessoas que viveram aquele período à menor distância do presidente tiveram impressão parecida. É o caso de Samuel Wainer — criador do jornal *Última Hora*, confidente e conselheiro de Jango. Revi-o no exílio, em Paris, e depois, quando compartilhamos a mesma sala de trabalho, no final dos anos 70, ele colunista e eu editorialista da *Folha de S. Paulo*. Samuel era inteligente e charmoso. Bom conhecedor da alma humana e do seu mundo — o do jornalismo e o da política —, ditava então as suas memórias, editadas postumamente por Augusto Nunes.

Num bar da avenida Faria Lima, o Flag, que copiava o nome de outro do Rio, muito bem-sucedido, mas que em São Paulo não daria certo, Wainer conversava comigo e com Moacir Werneck de Castro, seu amigo desde os anos 30. E resumia: "O modelo de Jango não era o do Getúlio de 1954, quando se suicidou, mas o de 1945, quando foi deposto e voltou cinco anos depois, como presidente eleito."

Fazia sentido. Analisadas hoje, por mais inespecíficas ou desencontradas que fossem as bandeiras das reformas de base, a opinião pública as encarava com simpatia. Sobretudo a reforma agrária, a mais inteligível para o povo, pois acenava com justiça social, maior produção e comida mais barata. O próprio Jango era bem avaliado em pesquisas. Assim, deposto, transformando-se num mito, poderia reassumir mais tarde o comando da nação nos braços do povo.

Dois testes e um trauma

Antes de me mudar para o Rio e assumir o cargo na UNE, em julho de 1963, não houve tempo para grandes treinamentos. Tive de aprender fazendo. Já no primeiro mês no Rio, houve dois testes difíceis e um evento traumático, em Brasília, que marcou o começo do fim do governo de João Goulart.

O primeiro teste foi a Comissão Parlamentar de Inquérito (CPI) na Câmara dos Deputados sobre a UNE, a subversão e o pretenso "ouro de Moscou", que, segundo os detratores da entidade, financiaria o movimento estudantil. Atravessei um dia inteiro, da manhã à noite, em depoimentos e interrogatórios. Defrontei-me com parlamentares experientes, cujo único propósito parecia ser o de garantir manchetes escandalosas à grande imprensa. Entre eles, Raymundo Padilha, ex-integralista e partidário ativo dos alemães na Segunda Guerra Mundial. Padilha disse na CPI:

— Sou pai de oito filhos, anticomunistas vigorosos. Tenho trinta anos de vida pública. Estamos ouvindo um jovem de 21 anos, visivelmente amadurecido na luta política, com quem se pode conversar de adulto para adulto, menos pela idade que ostenta do que pela experiência que comprova...

A partir daí, foram menos digressões e uma torrente de insinuações e acusações. Pretendia que eu cometesse deslizes. Até hoje, relendo as atas da comissão, surpreendo-me com a calma e a concisão da linha de defesa que adotei, incluindo a ironia:

— V. Excelência se diz pai de nove filhos anticomunistas e com trinta anos de vida pública. Eu tenho 21 anos de idade e um ano de vida política universitária. Não quererá, por certo, que eu seja tão brilhante como V. Excelência.

Repeti mais de uma vez o mote dos filhos e da idade, o que embaraçava o deputado Padilha. Além disso, seria penoso para ele me corrigir dizendo: "Não são nove filhos anticomunistas, mas oito."

Mais tarde, Raymundo Padilha acabou se desentendendo com outros parlamentares que nos defendiam — Rogê Ferreira e Rubens Paiva — e se retirou do plenário. Foi, porém, bem-sucedido no seu objetivo essencial, que era obter manchetes sensacionalistas no dia seguinte. No futuro próximo, ele viria a ser governador do Rio, nomeado pelo regime militar.

O outro teste foi o comício em homenagem a Getúlio Vargas, pelo nono aniversário de sua morte, na Cinelândia, no centro do Rio, no segundo semestre de 1963. Acho que fiz então o discurso mais desassombrado de minha vida, antes e depois. A fim de que não falasse no início, quando a audiência é sempre mais dispersiva, atrasei a chegada ao palanque. Fiquei caminhando entre a multidão em vez de entrar por trás. Mas demorei demais e, de paletó e gravata, como se costumava na época, acabei fazendo o último discurso antes do pronunciamento do Jango.

Eu já era um grande admirador de Winston Churchill, primeiro-ministro inglês que encabeçara a resistência ao nazismo e fora considerado um dos maiores oradores do século. Sabia que ele não improvisava: lia ou memorizava, e parecia falar de improviso. Como não dava para ler, escrevi e decorei o discurso inteiro. Minha experiência de ator no Grupo Teatral Politécnico me treinara para saber de cor textos longos. Falei de forma contundente, embora educada.

Ao lado de Jango e dos ministros militares, que estavam no palanque, comecei dizendo que estaríamos com o presidente da República enquanto ele estivesse junto com o povo. Critiquei a possível nomeação de Amaury Kruel para o Segundo Exército, insinuando que o general tinha vocação golpista. Acusei o embaixador dos Estados Unidos, Lincoln Gordon, um dos nossos alvos preferenciais, de interferir em assuntos internos da política brasileira. Manifestei oposição à ideia, que já circulava, de intervenção federal em São Paulo e na Guanabara. Reconheci que Adhemar e Lacerda eram sediciosos, mas que o remédio para combatê-los não era quebrar a legalidade.

Como a tese da defesa das regras do jogo democrático não combinava com a imagem que a imprensa tinha da UNE, esse pedaço do discurso não apareceu nos jornais. Finalmente, acabei criticando até o organizador do comício, Gilberto Crockat de Sá, assessor de Jango, presente também no palanque, acusando-o de pretender dividir o movimento sindical.

Outro foco do discurso foi o ataque ao Instituto Brasileiro de Ação Democrática (Ibad). A entidade privada de extrema direita organizava campanhas anticomunistas e financiara candidatos a deputado de direita na disputa eleitoral do ano anterior. Como se confirmou depois, por seu intermédio a CIA gastou US$ 6 milhões nesse movimento (US$ 50 milhões a preços atuais) — no câmbio livre vigente, uma fortuna.

Apesar de Jango estar disposto a fechar o Ibad, o resto do discurso azedou a relação da UNE com o presidente. Depois disso, só vim a reencontrá-lo na reunião no apartamento de Ipanema.

Antes do comício, e logo depois da minha posse, Jango oferecera um jantar informal à diretoria da UNE na copa do Palácio da Alvorada. Serviu-se comida simples, baseada em carne e arroz, e nada de álcool. Durante a conversa, acolhera de forma promissora nossas demandas em relação à educação: ampliação rápida do número de vagas no ensino superior federal; fim à vitaliciedade da cátedra universitária; e apoio governamental às campanhas de alfabetização promovidas pela UNE e o Movimento de Cultura Popular do Nordeste, que era tocado por grupos católicos e pela Ação Popular. Levei ao Alvorada uma folha com os números: havia menos de 100 mil universitários no Brasil, e a taxa de escolarização bruta do ensino superior era de 1%. Só 47% da população era alfabetizada. Não mais de 10% das crianças e adolescentes frequentavam o ginásio e o colégio.

Falamos também das reformas de base, e insistimos que o monopólio da Petrobras deveria ser estendido às refinarias e às importações do produto. Sobre as refinarias, Jango respondeu: "Até a *Última Hora* seria contra. E os empresários todos não vão gostar."

Veio então evento traumático. Numa bela manhã do início de setembro, fui acordado com a notícia de uma rebelião, em Brasília, de sargentos, cabos e suboficiais da Aeronáutica e da Marinha. Por várias horas, ocuparam a Praça dos Três Poderes, apossaram-se do Ministério da Marinha e cortaram as comunicações de Brasília com o resto do país. Também detiveram oficiais militares, o presidente em exercício da Câmara dos Deputados e o presidente do Supremo Tribunal Federal (STF).

Dias antes, o STF cassara o mandato de sargentos que haviam sido eleitos deputados no ano anterior. O Supremo alegara sua inelegibilidade, não obstante a Justiça Eleitoral ter permitido que se candidatassem e um deles tomasse posse. A decisão do STF fora o estopim da revolta.

Ao longo de todo o dia, os chefes do movimento fizeram chamados à insurreição nacional. Não tiveram nenhum sucesso. Em poucas horas, foram dominados pelo Exército. O fiasco mostrou a fragilidade da mobilização dos escalões inferiores das Forças Armadas, além de ter levado quinhentos sargentos à prisão. A repressão ao motim desencadeou uma ofensiva sobre todos os suspeitos de simpatizar com a rebelião.

O impacto político e psicológico do movimento foi enorme, atingindo em cheio a classe média que simpatizava com o presidente. A revolta passara a sensação de que o governo federal não tinha firmeza. Não que Goulart tivesse tido qualquer cumplicidade com a ação. Ele até apoiou as medidas punitivas adotadas em seguida pelos chefes militares. Mas dera a impressão de que, sob sua chefia, a organização do Estado brasileiro estava a pique de naufragar, que não havia autoridade no comando da nação.

A rebelião de Brasília proporcionou um enorme avanço da oposição a Jango tanto na imprensa quanto nas Forças Armadas, cuja existência, como em qualquer lugar do mundo, fundamenta-se na disciplina e na hierarquia. Para os donos de jornais e emissoras, bem como para o alto oficialato, a tentativa de insurreição na capital fora o cume de uma sucessão de pronunciamentos radicais de lideranças dos escalões militares inferiores ao longo do primeiro trimestre de 1963. O tom desses líderes era sempre de ameaça: quebrariam a hierarquia nas três Armas e subverteriam, à força, a ordem vigente caso não fossem reconhecidos os seus direitos e implementadas as reformas de base. À retórica inflamada da liderança, no entanto, correspondia uma organização frágil nos escalões militares de base. A facilidade com que se esboroara o motim era uma prova da ausência de movimento reformista real, e da sua substituição pela retórica de palanques.

Do ponto de vista da esquerda, os revoltosos de Brasília eram considerados aliados fundamentais. Tanto que participavam ativamente da FMP. Sua vinculação maior era com a área ligada a Brizola. Durante o dia, os rebelados receberam a visita de apoio de integrantes da Frente Parlamentar Nacionalista (FPN), não apenas dos brizolistas, mas até dos que eram ligados ao PCB, mostrando à opinião pública que contavam com amplo respaldo político.

Tachinhas da esquerda e pancadas da direita

Após o *affaire* do estado de sítio, fez-se uma reunião da Frente de Mobilização Popular em Brasília. O alvo do encontro foi o fim da "política de conciliação" de Jango, objetivo comum a todas as forças da Frente e de grande penetração no movimento estudantil. Aprovou-se uma enfática declaração de independência do governo.

Na minha cabeça, o fundamental era nos desencostarmos de Jango. Achava que ele ia cair e nós também cairíamos, mas não queria que fôssemos considerados o que nunca fôramos: janguistas. Não apostava na ideia de uma saída negociada para a crise brasileira. Tampouco acreditava que o dispositivo militar do Planalto fosse eficaz, e muito menos em qualquer possibilidade de guerrilha e luta armada.

A ruptura com Jango agradava forças políticas à esquerda por motivos mais variados. Ao CGT, à FPN, a Brizola e a Arraes interessava pressionar Jango para que recompusesse seu ministério com figuras representativas da Frente. Assim, deixaria de lado a composição com o centro, encarnada principalmente pelo PSD. Na prática, para eles, isso representaria o fim da política de conciliação: um gabinete de defesa e confronto.

Naquele momento, o efeito concreto da reunião foi evidenciar que Jango estava mais isolado do que nunca. O ministro da Educação, deputado Paulo de Tarso Santos, identificado com a esquerda, decidiu renunciar ao cargo, invocando a deliberação tomada pela Frente. Apesar das circunstâncias, a decisão me pareceu errada. Junto com Herbert José de Souza, o Betinho, coordenador nacional da Ação Popular (AP) e assessor do ministro, insisti ao máximo com Paulo de Tarso para que recuasse e permanecesse no cargo. Naquela altura, ele não integrava a AP. Mas éramos amigos. Ele havia sido meu candidato a deputado no ano anterior e eu frequentava a sua casa em São Paulo, antes de ir para a UNE. Mostrou-se, porém, decidido. Ironicamente, difundiu-se na imprensa que eu e a AP o pressionáramos a sair. Ouvi isso do próprio Jango depois, numa audiência: "O Paulo me deixou mal" — ele disse naquele sotaque bem gaúcho, que puxa os éles. "Vocês erraram" — completou.

Mesmo assim, nesse dia o presidente perguntou minha opinião sobre o nome do novo ministro, dizendo que, por enquanto, manteria no cargo Júlio Sambaqui, um técnico do alto escalão do Ministério da Educação (MEC), honesto e respeitado. Era precisamente o nome que desejávamos, pois estava comprometido com a duplicação das vagas das universidades federais.

Nessa audiência, deu-se um fato curioso. Como houve atraso (não meu, daquela vez...), quando entrei no gabinete presidencial falei a Jango que não tinha muito tempo, pois não podia perder o último voo para São Paulo, num Viscount da Vasp. Sua reação foi imediata:

— Vou pedir que o avião te espere.

— Não faça isso, presidente. Vou morrer de vergonha.

— Deixa comigo. Temos assuntos importantes para o Brasil.

Minha sorte foi que o avião já estava atrasado.

A reunião da FMP pela "ruptura" começou na sala da Frente Popular Nacionalista, numa das torres do Congresso. Num intervalo, perguntei ao deputado Neiva Moreira, sempre irreverente e bem-humorado, o que significavam as tachinhas espetadas num mapa do Brasil pregado na parede.

— Não são nada, não. Eu é que pus e vou alimentando, só para assustar o pessoal da UDN que passa por aqui. Eles vão contar ao Bilac que viram os focos da futura guerra revolucionária.

O deputado Bilac Pinto, prócer udenista mineiro, era precisamente o autor da fantasia de que havia uma guerra revolucionária em preparação no Brasil. A tese era ridícula, mas percorria jornais, quartéis e reuniões de civis assustados. Ele fazia discursos delirantes e reiterados sobre o tema, preparados, segundo acusávamos, pelo Ibad e pela CIA, e divulgados com grande cobertura.

No entanto, a ninguém ocorreu reprovar a brincadeira de Neiva Moreira, que, de fato, mostrava uma atitude razoavelmente compartilhada por todos: a de assustar e intimidar os adversários. Esse, aliás, era o comportamento padrão das esquerdas e suas entidades. A brincadeira não tinha base real, mas a direita se aproveitava para, a sério, espalhar que a guerra revolucionária e outras coisas assustadoras eram uma ameaça concreta.

Em seguida, houve um fato pitoresco e de mau agouro. A continuação do encontro da Frente de Mobilização Popular, no dia seguinte, foi marcada para uma chácara fora de Brasília, pertencente à família de algum deputado. Por deficiência do mapa que nos foi entregue, demoramos pelo menos duas horas para lá chegar. Isso os que perseveraram, pois vários outros desistiram. Entre mega-atrasos e ausências, a reunião virou um curto e dispersivo bate-papo. Fiquei então repetindo, com mau humor: como é possível que, em vez de delinearmos os rumos da política, nos percamos na estrada? A desorganização mais uma vez deixava marcas até em pequenos fatos.

A partir da tentativa do estado de sítio, as forças cuja alavanca era a União Democrática Nacional (UDN) lacerdista caminharam firmes e depressa na conspiração para derrubar Jango. Não iriam perder a oportunidade. Há dezoito anos tinham contas a acertar com o chamado varguismo e suas derivações, associações ou crendices ao longo do tempo (república sindicalista, comunismo etc.). Haviam perdido cinco oportunidades de fazê-lo. Depois que a ditadura getulista do Estado Novo caiu, no pós-guerra, seu candidato a presidente foi derrotado pelo marechal Eurico Dutra, apoiado por Getúlio. Na eleição seguinte, de 1950, ganhou o ex-ditador. Ele acabou levado ao suicídio, mas seu vice, Café Filho, cooptado pela direita, seria derrubado em pouco mais de um ano, pelo seu próprio ministro da Guerra, o general Henrique Lott. Café Filho se preparava para impedir a posse de Juscelino, do PSD, eleito com o apoio do PTB de Vargas, e tendo Jango como vice.

Com Jânio Quadros, tais forças à direita ganharam a eleição de 1960, mas perderam com a estapafúrdia renúncia aos sete meses de governo, sem falar da frustração ante a "política externa independen te" inaugurada pelo novo presidente. Tentaram impedir a posse de Jango, mas Brizola, com seu movimento a partir do Rio Grande do Sul, resistiu ao propósito.

Qual o quê

Depois do episódio do estado de sítio, o arco das alianças para derrubar Jango foi ampliado. Organizou-se uma "rede democrática", juntando tudo o que se dispunha em matéria de imprensa, rádio e TV, para contrapor-se aos (poucos) jornais e emissoras ligadas ao governo e a Brizola. No plano político, o arco passou a incluir, no começo de 1964, figuras do dito "centro", como o governador de Minas, Magalhães Pinto, que era da UDN, presidenciável, e por isso mesmo adversário de Lacerda, e até então próximo de Jango.

A adesão de Magalhães ao golpe ficara-me patente no final de fevereiro de 1964, quando a Frente de Mobilização Popular programou um ato no auditório da Secretaria da Saúde, em Belo Horizonte. O propósito da manifestação era responder ao frustrado encontro da Cutal, uma nascente Central Única de Trabalhadores da América Latina, evento desfeito pelo ataque de associações femininas de defesa da democracia, devidamente escoltadas por homens fortes.

Para a nova manifestação, os parlamentares da Frente saíram do Rio num avião fretado. Preferi evitar a carona e tomei um avião de carreira. Betinho foi comigo. No voo, encontramos José Aparecido de Oliveira, nosso amigo e secretário estadual em Minas. Ele nos disse:

— Eu sei que foram vocês da AP que deram a ideia desse ato. Não é o momento. Foi um erro. Deus queira que não haja encrenca.

Encrenca houve. Quando chegamos ao local, uns vinte minutos depois dos outros, encontramos uma praça de guerra, tomada por manifestantes da direita organizada. Ao ingressarem no prédio, dirigentes da FMP haviam sido agredidos com pancadas e pedradas, entre eles Brizola e o deputado Paulo de Tarso Santos. O fato de que todos ignorassem a mobilização contrária e violenta é mais um indício do quanto a esquerda estava distante de qualquer forma de organização para embates violentos. Não estava preparada nem para defender-se de pancadarias de rua.

Não pudemos entrar no prédio nem, evidentemente, fizemos questão de nos identificar. Na noite escura de Belo Horizonte, ninguém nos reconheceu. Seguimos então, Betinho e eu, para o Palácio da Liberdade, onde Magalhães Pinto nos recebeu na hora. Perguntei-lhe:

— Governador, como a Força Pública do governo do Estado pode ter permitido essa arruaça?

— Foi uma surpresa. Até a mulher de meu secretário da Segurança, coronel José Geraldo, está entre os que marcharam contra o governo federal. Não pude fazer nada.

— Mas por que o senhor não faz alguma coisa agora, governador? O senhor acha que seu secretário não sabia de nada?

Qual o quê. Àquela altura, percebemos que Magalhães havia embarcado no projeto do golpe. Mais tarde, fomos para a casa da mãe de José Aparecido, onde ele promoveu uma reunião do governador mineiro com políticos que tinham vindo para o evento. Uma reunião inútil, apesar das explicações de Magalhães, em tom de escusas inconvincentes para todos. Dizia-se surpreso com o ocorrido e especialmente constrangido porque estivera presente no ato Neusa Goulart Brizola, irmã do presidente da República e mulher do deputado gaúcho.

O fato mais grave daquela noite, no entanto, não foi a agressão das forças paramilitares nem a evidente cumplicidade do governador mineiro. Na caminhada pelas ruas, quando íamos e voltávamos do local do encontro, vimos senhoras nas calçadas, nas janelas, nos portões das casas, com velas e lamparinas acesas e rezando contra o perigo comunista. Não se tratava de uma ilusão. Percebemos que a direita encontrara uma base social substancial nas classes médias. Eu repetia ao Betinho a pergunta:

— Você sabia que assustamos tanto essa gente? Onde vai parar isso aqui?

"Gostaste, não é?"

Um fato para mim decisivo, embora até hoje subestimado, da falta de empenho de Jango em melhorar a sorte de seu próprio governo foi a demissão do ministro da Fazenda, Carvalho Pinto, em dezembro de 1963. Ex-governador de São Paulo, político discreto, ele inspirava confiança no empresariado e na imprensa. A rápida deterioração da economia no período que se seguiu ao naufrágio do Plano Trienal, lançado no início de 1963, sob a condução de Celso Furtado e San Tiago Dantas, seu antecessor no Ministério da Fazenda, não comprometeu Carvalho Pinto. Ficou claro que a herança recebida por ele era a mais adversa possível.

Houve pretextos para afastar o ministro — principalmente a postulação de Brizola a ocupar o cargo, não apoiada pela unanimidade da FMP e rejeitada intramuros pelo CGT e pela UNE. Numa reunião do Rio, no apartamento do editor Ênio Silveira, fundador do Comando dos Trabalhadores Intelectuais, o deputado gaúcho Temperani Pereira, professor e porta-voz da FPN em assuntos de economia, fez uma longa exposição e manifestou-se — delicadamente — contrário à ideia, na presença de Brizola.

Eu não acreditava que a postulação do ex-governador do Rio Grande era para valer. Mas, se dependesse de suas falas e entrevistas, parecia que sim. A primeira vez na vida que contemplei séries e curvas exponenciais de expansão de moeda foi assistindo aos discursos de Brizola naquele período. Eles geravam uma apreensão generalizada, pois ilustravam o descontrole da economia. Num comício que organizamos em Florianópolis, no principal teatro da cidade, ele chegou a mostrar os números e os gráficos desenhados em cartolina. Sua receita para a crise? Boa para comícios: frear a evasão de divisas, tributar os ricos e fazer a reforma agrária, além de combater a especulação no comércio de alimentos.

Eu sentia mais angústia sobre o tamanho da crise do que certezas a respeito do que fazer. Acredite se quiser: entender a fundo tudo aquilo veio a ser uma das motivações principais que me fizeram estudar economia. Parafraseando a professora Joan Robinson, a vontade de compreender questões como as levantadas por Brizola foi fundamental para que estudasse, não para obter respostas prontas diante de cada problema econômico, mas para aprender a não ser enganado pelos economistas.

A razão determinante da remoção do ex-governador de São Paulo do Ministério da Fazenda, contudo, não foi a pressão do cunhado de Jango, mas sim o relativo prestígio de que o ministro desfrutava junto à opinião pública, o que o punha na condição de presidenciável. Entre muitas especulações, começava-se a falar até da dobradinha Carvalho Pinto-Arraes para 1965. Nas circunstâncias em que o Brasil vivia, eu a considerava uma hipótese razoável.

A demissão do ministro abalou de vez a confiança do empresariado no governo em relação à estabilidade da economia. A escolha do substituto, Nei Galvão, que, apesar de ocupar a presidência do Banco do Brasil, era considerado inexpressivo e transitório, consolidou essa percepção.

Jango não cedeu às pressões da FMP para formar um ministério nacionalista e popular. Mas, no primeiro trimestre de 1964, mergulhou na estratégia de confronto — precisamente o roteiro que a FMP apontava e o PCB propugnava. Paralelamente, nessa mesma época, tivera alguma repercussão a proposta de San Tiago Dantas de formação de uma Frente Ampla de conciliação e esvaziamento da crise, com um programa de consenso escrito que abrangesse da esquerda do PTB ao PSD. Chegaram a ocorrer reuniões nesse sentido, mas a dura rejeição de Brizola, do PCB, via palavras do próprio Luís Carlos Prestes, e até de Arraes, sepultou a ideia.

Em janeiro, o presidente regulamentou a lei que limitava as remessas de lucros do capital estrangeiro, aprovada no Congresso em 1962, mas desde então pendente da promulgação do decreto. A demora era explicável porque a regulamentação da lei poderia agravar os problemas do balanço de pagamentos, caso afugentasse o ingresso de capitais. Mas essa não era nossa preocupação. O decreto foi assinado em Petrópolis, aonde fomos assistir e aplaudir, sendo depois recebidos pelo presidente. Jango atendera à reivindicação de indicar um estudante, no caso o vice-presidente para Assuntos Educacionais da UNE, Duarte Pereira, para integrar o Conselho Federal de Educação.

Em seguida, o governo programou grandes manifestações por todo o Brasil, organizadas em conjunto com o CGT, para março e abril. O mote da agitação seria fazer com que o Congresso aprovasse as reformas de base. A série começaria pelo comício da Central do Brasil, no Rio, na noite de 13 de março, uma sexta-feira. Jango e o pessoal do CGT não eram, decididamente, supersticiosos: sexta-feira 13... Àquela altura, ele se abraçara ao PCB. Para a direita, a programação representava uma declaração final de guerra. Para o centro, um empurrão a que abandonasse o governo. Para a esquerda, uma vitória contra a conciliação.

Nunca soube avaliar o número de pessoas presentes em um grande comício ou passeata. E naqueles tempos não havia imprensa ou Polícia Militar diligente que se dedicassem à arte de calcular o volume de participantes. Não sei, portanto, se havia mesmo 150 ou 200 mil pessoas no comício da Central do Brasil. O certo é que nunca vira tanta gente junta.

Do ponto de vista da retórica, da objetividade e da clareza que lhe era possível, Jango fez o melhor discurso da sua vida. Acompanhei-o do lado direito do palanque, surpreso com a qualidade da oratória. O presidente estava em uma espécie de púlpito, com sua esposa, a jovem e deslumbrante Maria Tereza. No final, ao cumprimentá-lo, ouvi:

— E aí, rapaz, desta vez tu gostaste, não é?

Jango anunciou a encampação das refinarias privadas de petróleo existentes. Falou de acabar com a vitaliciedade da cátedra universitária. De congelamento dos aluguéis e da ampliação do direito de voto. E apresentou o decreto que permitia desapropriar, para fins de reforma agrária, terras às margens das rodovias federais.

Durante a tarde, eu fora chamado a uma reunião em que o governo pediu opinião sobre a extensão das margens de estradas suscetíveis a desapropriação. Segundo o chefe da Superintendência da Reforma Agrária, a Supra, João Pinheiro Neto, o presidente queria a opinião dos presentes. Era uma questão nova, debatida por leigos poucas horas antes de a medida ser anunciada. Eu não tinha conhecimento do assunto até ouvir Pinheiro Neto explicar do que se tratava. Opinei pela extensão maior, pois parecia mais radical. A opção do governo, com a concordância do PCB, foi pela menor. Como as exceções do decreto me pareceram muitas, e a maior parte do território não era atravessado por estradas federais dignas do nome, comentei que a aplicação da medida seria dificílima. "Mas é válida como iniciativa política" — alguém disse. Ouvi e concordei.

Leonel Brizola e Miguel Arraes não tinham sido formalmente convidados para o comício, mas apareceram. Como o Exército controlava o ingresso na área do palco, houve um ligeiro empurra-empurra em torno deles na barreira militar, mas ambos falaram. Brizola, de forma longa e carbonária. Propôs fechar o Congresso, ou passar por cima dele, via plebiscito. Os aplausos foram imensos. O plebiscito não era consensual na FMP, e nos meus discursos estudantis eu jamais o defendia. Achava que ia dar uma grande confusão, que acabaria criando o clima para golpes e contragolpes. Nem avaliava bem, e aí ficaria mais alarmado, o efeito que as incertezas decorrentes teriam sobre o galope inflacionário, que já era desabrido, e a crise econômica. A inflação em 1963 chegara a perto de 90%, e o crescimento per capita da economia fora 2% negativo.

Fiquei sabendo que Jango estava preocupado comigo. Receava que repetisse o que dissera num comício anterior, na Cinelândia, no aniversário da morte de Getúlio. Achava que eu exagerara no radicalismo. De fato, o dirigente do CGT, o comunista Hércules Correia, que monitorava o revezamento na tribuna, tentou, sem muita convicção, cumprir a tarefa de limitar meu discurso. Ele disse:

— Vou te anunciar, você dá boa noite, diz uma frase de saudação, recebe os aplausos e conclui, Serra.

Os aplausos foram longos e entusiasmados. Movi os ombros para os lados e estufei o peito, numa mímica que só Hércules Correia poderia entender, para dizer-lhe o que aconteceria se tentasse me interromper. E fiz meu discurso, já memorizado, em toda sua extensão. Além da falta de convicção, Hércules não tinha como intervir na frente daquela multidão.

Minhas ênfases foram diferentes das da Cinelândia e das que a própria imprensa registraria. Centrei-me na denúncia das articulações golpistas da direita, no apoio ao governo legalmente constituído e no chamado à mobilização democrática. Estava convencido de que o golpe viria logo, naquelas semanas, sobretudo depois daquela noite. Naturalmente, pedi também a encampação das refinarias privadas.

O comício aqueceu, de um lado, as expectativas de ascensão do movimento de massas. De outro, acelerou a trama golpista e assustou ainda mais os grandes jornais — que já tinham formado a "rede da democracia" no ano anterior —, o empresariado e as classes médias urbanas, todos temerosos de um regime comunista, de uma república sindicalista, seja lá o que fosse. Do ponto de vista real, uma fantasia completa. Do ponto de vista da mobilização para o golpe, uma alavanca poderosa.

O aquecimento foi até a fervura quando, dias depois, o governo enviou ao Congresso a Mensagem Presidencial do ano, que reiterava e ampliava em pontos sensíveis iniciativas apresentadas no discurso original. Primeiro, encampava a tese de Brizola sobre o plebiscito em torno de emendas constitucionais. Segundo, permitia a desapropriação rural com títulos públicos reajustáveis na forma da lei (mais ou menos como hoje), eliminando a exigência de pagamento prévio em dinheiro, o que era um anátema. Terceiro, estabelecia a possibilidade da delegação de poderes para o Executivo, eliminando o parágrafo que a proibia. Quarto, introduzia um dispositivo constitucional garantindo que "são elegíveis os alistáveis".

O plebiscito e a delegação de poderes selavam, para os adversários e liberais democratas, a ideia da democracia autoritária — ou, nas palavras do Ibad, "o caminho do totalitarismo" —, associada ao enfraquecimento do Congresso e à permanente agitação popular. E a elegibilidade dos alistáveis abria caminho — de forma paranoica ou não — para a tentativa de reeleição do próprio Jango em 1965, ou da candidatura presidencial de Brizola, impedida pela Constituição em virtude de ser cunhado do presidente. Até os que eram crianças se lembrarão das pichações e cartazes de partidários do ex-governador gaúcho dizendo "Cunhado não é parente, Brizola para presidente". Nem Jango nem Brizola acreditavam muito em tais possibilidades, mas queriam assustar os concorrentes e foram bem-sucedidos nisso. Essas questões de elegibilidade mexiam com todos os políticos que pensavam na Presidência: Juscelino, Lacerda, Adhemar de Barros e Magalhães Pinto. Mais não precisava como pretexto para unir politicamente as forças de vários matizes que se opunham a Jango.

Reação e provocação

O medo se espalhara tanto que seis dias depois, em São Paulo, a Marcha da Família com Deus pela Liberdade juntou mais gente que o comício da Central. A grande maioria, parece-me, gente de boa-fé, temente do belzebu comunista que implantaria a ditadura do proletariado, o materialismo e a perseguição aos seguidores de Cristo.

As entidades mais visíveis eram as de senhoras e da Sociedade Brasileira de Defesa da Tradição, Família e Propriedade, a TFP. Tiveram também apoio da cúpula da Igreja, dos grandes jornais, das emissoras de rádio e TV, e do governo do Estado, exercido por Adhemar de Barros. O dinheiro da CIA também pesou na organização da passeata. Mas não foi só por isso que a marcha atraiu tanta gente. As palavras de ordem, para a multidão, estavam bem-feitas e soavam democráticas.

— Reformas sim, mas dentro da Constituição. Se não, não!

Assim ecoou na Praça da Sé a voz cavernosa do presidente do Senado e do Congresso, o paulista Auro de Moura Andrade, prócer do PSD de Juscelino, partido que, sentindo a mudança de vento, desembarcava da nau governista. Ele era um fenômeno, como dizia Ulysses Guimarães, aliás, presente na marcha, e com quem, décadas depois, conversei a respeito de tão intrigante figura. O pai de Auro era o maior pecuarista do Brasil — o chamado Rei do Gado — e fundador da cidade de Andradina, assim batizada em homenagem ele. O filho senador não tinha estatura política nem intelectual, embora fosse um bom frasista. O destino o colocou no centro dos acontecimentos em momentos críticos. Entrou para a história unicamente graças às circunstâncias.

Como presidente do Congresso, Auro deu um golpe nos janistas e na própria legalidade ao aceitar a renúncia de Jânio sem submetê-la ao plenário — vinte minutos depois da chegada da carta do presidente. Em seguida, foi fundamental para aprovar a solução de compromisso do parlamentarismo. Chegou a ser convidado por Goulart para primeiro-ministro, mas com a exigência de que entregasse uma carta de demissão sem data. Recusou dizendo: "Não seria o primeiro-ministro, mas o último." Na véspera do golpe, declarou que o Senado tinha rompido com a Presidência da República, algo evidentemente impossível. E caberia a ele, duas semanas depois do discurso na Sé, assessorado pelos bacharéis da UDN, não sem um sopro de vingança, declarar a Presidência da República vaga, estando Jango ainda em território nacional. Em seguida, foi a pé ao Palácio do Planalto para dar posse a Ranieri Mazzilli, presidente da Câmara, na Presidência da República.

Talvez seu melhor momento na vida pública tenha sido quando caiu em desgraça com o regime autoritário que ajudara a criar. Ainda presidente do Senado, ao chegar ao aeroporto do Galeão, foi interpelado pela imprensa sobre um inquérito militar que o acusava de alguma coisa. Sua resposta de quatro palavras foi memorável: "Japona não é toga."

Na véspera da Marcha da Família, eu fora a São Paulo, a fim de participar de um debate ao vivo na televisão Tupi com dois deputados. Ambos eram articuladores da manifestação do dia seguinte — Cunha Bueno e Conceição da Costa Neves. Para falar contra o protesto, estávamos eu e um ex-deputado do PCB, Rio Branco Paranhos.

Na ocasião, havia fartos sinais de que a manifestação seria gigantesca. Como Paranhos era um homem tímido e gentil, a acidez do confronto escorreu para o meu lado. Nenhum outro debate de que participei, antes ou depois, foi tão áspero. Para culminar, num intervalo, Lima Duarte, o ator, presente no estúdio, alertou-me de que havia manifestantes preparados para agredir-me na porta da emissora. Com a ajuda dele, conseguimos avisar os estudantes da Casa do Politécnico, em cuja faculdade eu estudava, para que viessem. O equilíbrio de forças evitou o confronto violento.

Eu dizia na TV que a manifestação explorava a boa-fé das pessoas, porque serviria a um golpe. A agressividade da deputada Conceição da Costa Neves e a surpreendente veemência de Cunha Bueno, habitualmente cordial, levaram-nos ao limite da troca de insultos. Contribuí para isso involuntariamente: antes do programa, o coordenador da AP de São Paulo passou-me um folheto impresso de convocação para o ato da Praça da Sé, que, entre outras insanidades, insultava o cardeal dom Carlos Carmelo de Vasconcelos Motta, arcebispo de São Paulo, de quem eu era amigo. Deu-me o papel como se fosse verdadeiro e sugeriu que eu o usasse. Assim o fiz, acreditando na sua veracidade. Meus contendores, enfurecidos, disseram que se tratava de um texto apócrifo. O pior é que era mesmo, como descobri no dia seguinte.

No Rio, poucos dias depois, num encontro informal com o CGT, soube que integrantes da Associação dos Marinheiros e Fuzileiros Navais, reunidos no Sindicato dos Metalúrgicos do Rio de Janeiro, declararam-se em assembleia permanente. Para mim, a surpresa foi grande. Suas reivindicações corporativas iam do direito ao voto, da possibilidade de se casarem e vestirem roupas civis, a melhores salários e alimentação. Mas não tive dúvida de que se tratava de uma sublevação, de uma quebra da hierarquia, princípio basilar das Forças Armadas. O levante só poderia ter uma consequência política: uniria oficiais centristas e legalistas das três Armas na ofensiva do golpe. Decidi não ir ao sindicato naquele momento. E no dia seguinte embarquei para Manaus, para abrir um seminário organizado pela UNE.

Fuzileiros navais foram enviados para reprimir os manifestantes, mas, chegando lá, desistiram. Por isso, o seu comandante, Cândido Aragão, janguista, foi afastado pelo ministro da Marinha Sílvio Mota. A falta de cobertura da Presidência levou Mota a demitir-se. Para seu lugar, Goulart nomeou um almirante cujo nome fora reivindicado pelos revoltosos, Paulo Mário Rodrigues, tido como de esquerda, que imediatamente concedeu anistia e renomeou o almirante Aragão. Tudo acabou em desfile comemorativo pelas ruas do Rio, em plena Sexta-feira Santa. Na passeata, os amotinados cruzaram com Aragão e o ergueram nos braços. Em matéria de esforço para somar contra si a maioria dos oficiais das três Armas, devido ao abalo da disciplina militar, Jango não poderia ter feito nada pior e mais definitivo.

Paralelamente, o presidente recusava-se a nomear um novo ministro da Guerra, apesar do titular, general Jair Dantas, estar internado para uma cirurgia. Ele era grampeado pela CIA dentro do seu quarto de hospital, o que mostra o alcance da conspiração e o amadorismo dos generais leais a Jango. Havia várias opções, entre as quais a do marechal Lott. Apesar disso, o ministério militar mais importante foi mantido acéfalo, no meio de todas as crises e das conspirações coordenadas pelo chefe do Estado-Maior do Exército, general Castelo Branco. Após a Marcha da Família, por exemplo, ele emitira um documento reservado pró-golpe, fato conhecido pelo governo e até por nós. E não fora sequer punido.

Na antevéspera da consumação do golpe — cuja data correta é 1º de abril e não 31 de março —, Jango discursou para sargentos e suboficiais do Exército na sede do Automóvel Clube do Rio. Presente na mesa, também, o líder dos marinheiros, cabo Anselmo. Junto com diretores da UNE, ouvi o discurso dentro de um táxi parado no Leblon, na avenida Delfim Moreira. A conclusão óbvia foi: ou Jango estava se despedindo do governo ou iria de fato "tomar o poder". Tudo em questão de horas. A intuição e a razão apontavam para a primeira hipótese.

Ácido no ministro

Já nesse dia, as hostes policiais e parapoliciais lacerdistas estavam nas ruas, prendendo dirigentes do CGT em sua própria sede. Era outra demonstração do absoluto despreparo e até da ingenuidade da esquerda.

Apesar das teses do udenista mineiro Bilac Pinto sobre a guerra revolucionária, demonstrações de violência só existiam do lado da direita. No Congresso da UNE em que fui eleito, em Santo André, grupos paramilitares metralharam o estádio que abrigava os trabalhos e soltaram bombas de gás lacrimogêneo no plenário. No ano anterior, em Quitandinha, também houvera metralhadas e bombas. Numa reunião no anfiteatro do Mackenzie, em São Paulo, atiraram ácido no ministro da Educação, Paulo de Tarso. O prédio da UNE sofria disparos periódicos nos primeiros meses de 1964. Já relatei os acontecimentos de Belo Horizonte.

O fato é que não havia exercícios de violência de nosso lado. Nem existiam preparativos nesse sentido. E, se essa ideia existisse, não haveria como materializá-la.

Para as classes médias que deram suporte ao golpe nas marchas de São Paulo e do Rio, e nas ruas de Belo Horizonte, havia uma motivação adicional para apoiar o golpe: o medo da cubanização do Brasil. Esse é um mito que ficou. Insisto: nada mais fantasioso do que supor que o Brasil pudesse virar uma Cuba, ou que a esquerda, em 1963-64, estivesse se armando. Os famosos "grupos dos onze" que o pessoal do Brizola começara a cadastrar, com vistas a criar um movimento nacionalista revolucionário, eram insignificantes como instrumento político. Imaginem, então, para possíveis enfrentamentos armados.

Na UNE, uma entidade independente e de massa, nem se cogitava no tema. Nunca ouvi nada a esse respeito. Se me falassem em coquetel molotov dentro da sede, acharia que se tratava de alguma bebida favorita do chanceler de Stalin. As Ligas Camponesas de Francisco Julião, que haviam tentado, com apoio logístico e financeiro cubano, montar guerrilhas dois anos antes, tinham fracassado. Depois disso, só faziam ameaças, vendendo um peixe que em absoluto tinham. O seu braço político, pequeno e desorganizado, o Movimento Revolucionário Tiradentes (MRT), era isolado de todos os setores da esquerda.

Havia, sim, o famoso dispositivo militar de Jango, capaz, em tese, de deter um golpe ou de promovê-lo, como foi ensaiado em outubro de 1963, na tentativa de implementar o estado de sítio e a intervenção em São Paulo e na Guanabara, a que tanto nos opusemos. Mas só em tese, como se viu nesse caso e se constataria no golpe de 1º de abril. O dispositivo simplesmente sumiu. A retórica tinha servido para assustar a classe média e conferir verossimilhança à farsa golpista. Tentativas de luta armada por setores da esquerda só surgiram depois do golpe.

Os últimos dias

— General, estou indo para o Amazonas, mas há muitos rumores de movimentações golpistas. É claro que o senhor os ouviu. Tenho dúvida se viajo ou não.

— Pode ir, meu jovem, não tem problema. Quase todos esses rumores são falsos. Os que não são se referem a iniciativas que estão sob controle.

Foi nesse diálogo com o general Assis Brasil, chefe da Casa Militar da Presidência e coordenador do "dispositivo" militar de Jango, que começou minha história na fase final do golpe. Naquela quinta-feira da Semana Santa, eu ia para Manaus, onde a UNE promovia um seminário sobre os problemas da Amazônia. De lá, iria a Belém, onde se realizaria outro encontro, com estudantes de toda a América Latina. Cruzei com o general no Galeão.

Mais do que sua resposta formal, o que atenuou minha inquietação foi vê-lo em trajes esportivos, embarcando numa boa para o descanso da Páscoa. Como era possível? O presidente pescando no sul, o ministro da Guerra no hospital e o chefe da Casa Militar também aderindo ao feriadão?

A minha viagem durou muito pouco. Cheguei a Manaus à noitinha, jantei com os congressistas, de manhã visitei o mercado, onde comprei um par de tartaruguinhas e filhotes de jacarés — eram tempos pré-ecológicos —, mas, antes de abrir o seminário, tive de retornar, em face da intensificação dos rumores que não incomodavam o general Assis.

O pior rumor vinha de Minas Gerais. Convoquei uma reunião em Belo Horizonte, onde encontrei dirigentes e integrantes da AP. A conclusão foi aflitiva: o golpe vinha mesmo. Magalhães Pinto demitira José Aparecido de Oliveira e formara um gabinete com líderes nacionais da UDN e do PSD, prontos para o que desse e viesse. Combinamos de convocar greve geral no estado e de estreitar alianças com o sindicatos de lá. E o que mais?

Na volta, o aeroporto da Pampulha estava esquisito, repleto de policiamento, alguns olhares nervosos. Tive certeza de ser observado, e até um leve temor de ser detido.

Fui diretamente a São Paulo, só para rever minha namorada. Marcamos um encontro nos jardins do Museu do Ipiranga, numa manhã muito bonita.

— Acho que é a última vez que nos vemos assim. Vem um golpe, Yara. Vai acontecer algo ruim. Tiram o Jango e vêm em cima da gente. Vamos cair junto com ele.

— E o que você vai fazer?

— Não temos nenhum esquema de proteção no Rio. Espero poder vir para São Paulo e esconder-me aqui, até conseguirmos funcionar de novo, não sei bem como.

Antes de seguir para o Rio, deixei os animaizinhos amazônicos aos cuidados do Sérgio Motta. No Rio, na segunda-feira à noite, dia 30 de março, depois de ouvirmos o discurso de Jango no Automóvel Clube, decidimos ir até a sede dos Correios, a fim de obter informações. O diretor-geral, coronel Dagoberto Rodrigues, era homem de confiança de Goulart e Brizola.

Nessa noite, descobrimos que existia nos Correios um sistema de escuta telefônica, e o coronel já sabia de movimentos de tropas em Minas Gerais. De volta à sede da UNE, aprovamos uma nota denunciando o golpe e chamando à resistência. Decidimos deslocar partes da diretoria para o Rio Grande do Sul, Pernambuco e Bahia, onde, além do Rio de Janeiro, acreditávamos que haveria maior resistência. Isso também reduziria o risco de que todos fôssemos presos juntos.

À tarde e à noite do dia seguinte, 31 de março, fui duas vezes ao Palácio das Laranjeiras, uma vez com Marcelo Cerqueira, outra com Betinho. Queríamos que o governo resistisse. Lá dentro, o general Assis Brasil, para nossa incredulidade, disse que estava tudo bem. Cruzamos com Juscelino, com quem tínhamos relações amistosas. Ele nos falou que a situação era mesmo muito grave, sem dar nenhum sinal do que tinha conversado com Jango. O general Peri Bevilacqua, chefe do Estado-Maior das Forças Armadas, entrou e saiu com ar de quem encaminhara medidas salvadoras. Como depois se viu, era um documento pedindo a rendição de Jango, ou seja, ele continuaria no poder, mas sob tutela militar, e reprimindo o CGT, a UNE e os comunistas. Jango pode ter errado muito ao longo do seu mandato, mas, nessa noite, acertou, ao recusar aderir ao golpe militar com ele à frente. Não duraria no cargo.

Numa escrivaninha oitocentista, redigi uma nota conclamando à greve geral dos estudantes, que mal chegou até a imprensa, mas foi divulgada nas emissoras de rádio. Falei na Rádio Nacional — uma exortação à mobilização contra o golpe e chamado à greve geral. Por volta das dez da noite, fui à sede da UNE, onde havia uma assembleia permanente, para dar informações sobre a situação. Lá estavam todos os dirigentes estudantis do Rio, os diretores e artistas do Centro

Popular de Cultura (CPC), militantes de forças de esquerda e até parlamentares.

A reunião era no teatro do CPC, que iria ser inaugurado naquele mês. Não havia sido pintado e o cheiro da madeira pura e fresca do teto, das paredes e do assoalho era agradável, destoando da feiura das minhas apreensões sobre o dia seguinte. Quando cheguei, o general da reserva e historiador Nelson Werneck Sodré, um homem respeitável, ligado ao PCB, fazia um relato otimista da situação militar, sendo aplaudido pela plateia inquieta.

A questão central era: o que fará o general Amaury Kruel, comandante do Segundo Exército? O mesmo Kruel que eu chamara de golpista no comício da Cinelândia, e que João Goulart nomeara no mês seguinte para comandar o Exército em São Paulo. Disso dependia a sorte do golpe. Ele trairia Jango? Não, achava Sodré.

Ao falar sobre a situação, disfarcei meu ceticismo a respeito da posição de Kruel, mas transmiti uma parcela da minha apreensão com o andar das coisas. E voltei para as rádios, novamente à Nacional, com a percepção de que o golpe era irrefreável. Fiz um novo chamado à resistência, na fala talvez mais eloquente e dramática de minha vida, cuja gravação foi guardada pela emissora. Como se soube depois, já naquela noite Kruel propusera a Jango fechar o CGT e a UNE, mudar ministros e reprimir a esquerda, obtendo uma recusa como resposta.

Numa das emissoras, cruzei com o deputado Roland Corbisier, que falava mais ou menos assim:

— Em 1955, o Brasil assegurou a legalidade democrática [referia-se ao contragolpe do general Lott, que tinha garantido a posse de Juscelino]. Em 1961, ao derrotar os golpistas, avançamos na formação de um governo nacionalista, democrático e popular, combatendo o latifúndio e o imperialismo — ou seja, abrindo o caminho para a revolução burguesa. Agora, derrotando a sedição, vamos entrar na etapa socialista.

Zuleika Alambert, da direção do PCB, telefonou-me na rádio para dar informações não muito otimistas sobre a situação, sugerindo que, ao falar, eu relativizasse as palavras e amenizasse o tom de Roland. A análise dele era fantasiosa, mas iria assustar ainda mais os indecisos...

Da Rádio Nacional, liguei para a casa de meu tio Basílio, em São Paulo, um entalhador de móveis que era o único da família a ter telefone:

— Avise a todos que estou bem, mas que vou ficar fora do ar alguns dias. Qualquer coisa, entrarei em contato.

Já de madrugada, fui com o deputado Max da Costa Santos para a casa de amigos dele, no Jardim Botânico, onde passaríamos o resto da noite. Era impensável dormir na UNE, diante do risco de atentados e prisão. Por volta das cinco da manhã, Max me acordou com a notícia da adesão de Kruel ao golpe. Fomos aos Correios, a fim de encontrar dirigentes da FMP e obter informações sobre o quadro militar em todo o país. O prédio estava protegido por tanques. Juntei-me a Marcelo Cerqueira, com quem dividiria todos os passos nas semanas seguintes.

A confusão era grande. Em certo momento, o coronel Dagoberto disse ter interceptado uma ligação do general Cunha Mello, comandante das forças que deveriam barrar as tropas que vinham de Juiz de Fora, dizendo que precisava de combustível. O coronel começava a limpar suas gavetas e sua secretária passou-me um broche que teria certo valor, pedindo que o guardasse, pois temia ser presa e ficar sem ele. Não consegui recusar, apesar do *nonsense* do encargo. Por que eu? E se fosse preso com a joia?

O ambiente naquele bunker da FMP era de derrocada. Toda vez que, nas décadas seguintes, participei de alguma derrota política, sempre me veio à cabeça, como mecanismo de consolo, aquele ambiente da sede dos Correios. Nada foi nem viria a ser pior do que aquilo.

No final, Cerqueira achou que os tanques que protegiam o prédio começavam a virar seus canhões para o edifício. E viravam mesmo!

Saímos rapidinho, os dois, por uma porta lateral, e fomos a pé até a base aérea do aeroporto Santos Dumont. Estávamos à procura do comandante, o brigadeiro Francisco Teixeira, legalista. Perguntamos:

— Brigadeiro, por que o senhor não manda seus aviões atacarem, espantarem, esse pessoal que vem de Minas?

— Olhe, bastaria um só avião para dar conta disso. Eles vêm com soldadinhos, uma tropa muito fraca. Mas a ordem do presidente foi que mantivesse os aviões no chão.

— É possível que um avião nos leve a Porto Alegre?

— Não. Sem ordem superior, não posso autorizar.

Ficamos desencorajados pela impossibilidade de ir ao Rio Grande do Sul a fim de resistir. Lá estava Brizola, e o comandante do Terceiro Exército, recém-nomeado, assegurava que defenderia a legalidade, num esquema que, com muita boa vontade, poderia replicar o de 1961.

Fomos então para o Ministério da Marinha e chegamos até o ministro — o almirante Paulo Mário — sem que, no caminho, qualquer pessoa, qualquer mesmo, perguntasse nossos nomes, nem sequer o que fazíamos ali. Isso da portaria até a sala do almirante, que pareceu estar ainda mais por fora e desarmado do que nós.

Eu me perguntava, então, sobre onde estava o dispositivo militar de Jango. Apagara-se sem ruído, como uma bolha de sabão.

Não sei exatamente como, tomamos uma Kombi e rumamos para a Baixada Fluminense, a fim de encontrar dirigentes do CGT e trocar opiniões sobre o que fazer. Onde? Na casa do deputado Tenório Cavalcanti, em Caxias, que, por motivos alheios à política, era uma verdadeira fortaleza, com grandes portões de aço à prova de balas.

Tenório era o detentor da popular Lurdinha, uma metralhadora, e tinha nas costas cicatrizes de tiros recebidos em emboscadas não políticas, digamos assim. Dono do jornal *A Luta Democrática*, o terceiro do Rio em circulação, era bom de voto e se candidatara a governador da Guanabara, dividindo o eleitorado mais popular com o deputado Sérgio Magalhães, o que facilitou a eleição de Lacerda, já que não havia segundo turno.

Ele nos acolheu com gentileza e discrição. Sentados em torno de uma pequena mesa, na sala pouco iluminada, trocamos figurinhas pessimistas sobre a situação. Todos duvidavam da possibilidade de, aliado a Leonel Brizola, João Goulart resistir no Rio Grande do Sul, para onde ia ao deixar Brasília. Batistinha, o dirigente do CGT e membro do PCB, avaliava:

— Existe a possibilidade de o golpe se pessedizar. Juscelino aderiu nos últimos dias, os caciques do PSD participaram. A moeda de troca será a garantia das eleições presidenciais no ano que vem, e o processo pode acabar virando briga de branco: UDN contra PSD, Lacerda contra Juscelino. A gente precisa permanecer agrupado, se proteger, não fazer loucuras e acumular forças enquanto isso acontece.

Eu não achava que seria assim, mas era mais confortável acreditar. Entreguei a joia a uma filha de Tenório, que a recebeu meio surpresa e sem graça, explicando-lhe de quem era e solicitando que tomasse conta do broche.

Na cama, improvisada num sofá da mesma sala, ouvi um discurso do Brizola. Não me sai da cabeça até hoje uma conclamação para a luta que fazia aos "sargentos de Bagé...".

Soube da invasão e do incêndio da sede da UNE pelos grupos paramilitares lacerdistas. Lá haviam permanecido assessores meus, que trouxera de São Paulo, ao lado de algumas dezenas de outros. Apesar de desarmados, ficaram até o final e escaparam pelo pátio de trás. Já estávamos sendo procurados, portanto. E se fôssemos presos naquela casa? Para onde ir, o que fazer? Que confusão ia dar no Brasil! Tínhamos contribuído para isso? Quanto? Seria possível viver clandestino, reagrupar forças? E se não fosse, fazer o quê? Não poderia terminar a faculdade. E meus pais? Bem que eu poderia ter irmãos, não ser filho único. Minha mente vagueava, sentia-me perdido. Agora mesmo, ao escrever isso, sinto-me mal. É doloroso lembrar e falar daqueles momentos. Até hoje não me recuperei do impacto daquela noite. Tenho um grande mal-entendido com esse pedaço de minha vida e da nossa história. Talvez o Brasil também.

Ao acordar, imaginei por instantes ter sonhado. Eu não estava onde estava: o 1º de abril fora um pesadelo. Depois, compreendi melhor por que essa dúvida — sonho ou realidade? — é quase uma trivialidade na literatura. Não é por falta de imaginação dos escritores. É porque acontece mesmo, diante de cada tragédia. E eu estava vivendo a minha primeira, aos 22 anos.

De manhã, disse a Marcelo Cerqueira:

— Vamos embora logo. Olha, não quero ser injusto, mas receio que alguém possa nos entregar. E, se é para sermos presos, que seja noutro lugar.

Para esse rapaz, não

A entrada na cidade do Rio, numa Kombi velha, foi o grande pesadelo diurno, infelizmente inesquecível. Olhos ardendo pela falta de sono, sol, calor, ruas barulhentas, gente comemorando o golpe com buzinaços, a multidão caminhando naquela réplica carioca da Marcha da Família com Deus pela Liberdade, marcada para 2 de abril, e que se transformou na festa da derrubada de Jango. Mais tarde, pela televisão, assistimos à comemoração, animada por locutores especialmente eufóricos e cretinos, e vimos a massa de gente celebrando o golpe "democrático".

Fomos para Copacabana, onde havia um apartamento vazio do pai de uma amiga de São Paulo, na rua Barata Ribeiro, onde eu às vezes dormia. Na porta, aguardava-me um assessor:

— Tem um sujeito estranho que ficou passando por aqui. Acho perigoso vocês ficarem.

Duvidei, mas como arriscar? Marcelo então sugeriu:

— Vamos para a casa de um amigo lá perto da Vila.

Em Vila Isabel, outra decepção. Não que o amigo estivesse ausente, ou que tivesse mudado de endereço. Não. A casa tinha sido derrubada, e tão completamente que custou descobrirmos o que havia acontecido.

Ir para São Paulo? Além do risco da viagem, havia o fato de que o general Kruel, comandante do Segundo Exército, tinha motivos pessoais para guardar rancor. Marcelo deixou-me em algum lugar enquanto foi procurar uma hospedagem segura. Voltou, com Oduvaldo Vianna Filho, o Vianinha, e Jacob Kligerman, aplicado estudante de medicina, Partidão até a alma e polinamorador nas horas vagas. Com esse objetivo, mantinha uma *garçonnière* na Lapa — perto do Departamento de Ordem Política e Social (Dops) carioca, paciência —, onde ficamos alguns dias.

Ali, em conversas animadoras, Marcelo falou de um personagem chamado Cecil Borer, chefe do Dops. Eu mal sabia de quem se tratava. Aprendi que era um paladino da repressão e da tortura desde os anos 30. Soube também em que consistia o pau de arara, aparelho de tortura de que nunca ouvira falar: "Zé, se formos presos, o Borer nos pendura nele."

Eu vestia uma camisa branca, de colarinho apertado e engomado, que Max me havia emprestado na manhã do dia 1º. Além de encardida, caía-me desajeitada. Troquei-a por outra, pior ainda, de um amigo a cuja casa fomos, e que era uns vinte centímetros mais baixo. Finalmente, tive a pequena satisfação, no meio daquela rota de fuga, de ganhar duas camisas do Jacob, homem mais alto e encorpado. Uma coisa era perceptível, embora não comentássemos nem entre nós: não obstante a gentileza, o desconforto dos familiares dos diferentes amigos que procurávamos.

Os jornais do Rio publicaram fotos da UNE incendiada e de suas dependências, entre as quais a de um retrato de Stalin, afirmando que adornava a parede de minha sala, atrás da mesa de trabalho. No decorrer dos dias, inventaram que havia um cárcere e armamentos dentro do prédio. Mais adiante, asseveraram que eu vivia no anexo do hotel Copacabana Palace e que ganhava 300 dólares por mês do presidente João Goulart! Ficava então me perguntando sobre se algum historiador do futuro acreditaria nessas e em tantas outras sandices. O único refresco, na imprensa, foi um corajoso artigo de Carlos Heitor Cony, no *Correio da Manhã*, mostrando, do jeito dele, a farsa do golpe democrático. Foi o primeiro a dizer isso num grande jornal.

Apesar de relativamente calmos, com autocontrole, estávamos totalmente desarticulados, desinformados, sendo procurados e sem lugar seguro para ficar. Alguém sugeriu que buscássemos proteção numa embaixada, o que me pareceu, num primeiro momento, inconcebível; num segundo, já era a opção possível.

Um deputado do PTB da Guanabara, Paulo Alberto Monteiro de Barros — mais conhecido depois por seu pseudônimo de Artur da Távola —, entrou em contato com Juscelino, que pediu ao embaixador da Bolívia que nos abrigasse. Paulo Alberto foi primeiro e mandou um amigo, Toninho Cavalo, futuro técnico de futebol do Botafogo e do Atlético Mineiro, encontrar-nos, a mim e Marcelo, num posto de gasolina. Ao vermos chegar um homem sem nenhum jeito de amigo do Paulo, afastamo-nos rapidamente, de carro, e ele foi atrás, confirmando nossa impressão de que era da polícia. Não sei mais como chegamos a um entendimento, mas o fato é que acabamos entrando na Embaixada. Mais à noite, Toninho, a secretária do Paulo e a sogra, Dona Emilinha, mulher do professor Anísio Teixeira, trouxeram camas de lona desmontáveis, lençóis limpos, comida e um aparelhinho de televisão.

Lá fiquei durante mais de três meses. Os salvo-condutos iam saindo, o pessoal viajando, mas eu ia ficando. O ministro da Guerra, general Costa e Silva, disse ao embaixador:

— Salvo-conduto para esse rapaz, não.

Há alguns anos recebi a cópia de uma longa carta manuscrita que enviei, ainda na Embaixada, relatando minha vida e minha situação, ao advogado que me assistia, Evaristo de Moraes Filho. Ela não mostra abatimento, mas surpresa e indignação pelo que tinha acontecido. Recebi também a cópia de um filme mostrando minha participação no comício de 13 de março, feito por Leon Hirszman, que era do CPC da UNE. Ouvi as gravações que a Rádio Nacional guardou dos meus dois pronunciamentos na madrugada do golpe.

O texto, a caligrafia, o filme e a voz fizeram-me evocar com emoção um conto de Jorge Luis Borges: o escritor encontra sentado num banco, às margens de um rio, um jovem que, para seu espanto, descobre ser ele mesmo. O jovem ignora quem é seu interlocutor, mas percebe o afeto daquele homem mais velho, que, no fundo da alma, gostaria de contar-lhe tudo sobre a vida, para que a vivesse melhor. É o que senti ao rever a mim mesmo, no papel e na imagem, tanto tempo depois: aquele era eu.

CAPÍTULO II

Na UNE do Flamengo

Na primeira metade dos anos 60, apesar da mudança da capital para Brasília, a cidade do Rio de Janeiro, que virara estado da Guanabara, ainda era o principal centro político do país. A UNE, cuja sede ficava na Praia do Flamengo, era uma entidade robusta e representativa, com um peso na política nacional imensamente maior do que o atual.

A proporção de estudantes de ensino superior no Brasil, em relação à população em idade de cursar uma faculdade, era de apenas 1%, ou cerca de 100 mil universitários. Tratava-se de uma minoria privilegiada, sim, mas relativamente homogênea, informada e politizada.

Em 2012, o número de estudantes de ensino superior já atingia 6 milhões. Nesse meio século, a massa estudantil tornou-se muito mais heterogênea, com a expansão do ensino superior privado, dos cursos noturnos e da inclusão dos jovens de famílias de renda mais baixa, no entanto com menor disponibilidade para a atividade política. Isso tudo enfraqueceu as condições estruturais que davam força às entidades estudantis nacionais e estaduais. Hoje, seria inconcebível uma greve nacional comandada pela UNE, como a de 1962, que reivindicava a participação estudantil nos órgãos diretivos das universidades.

A abertura das portas da universidade ao povo era a principal bandeira de luta da UNE e um dos grandes motes das peças musicais de seu Centro Popular de Cultura, o CPC. Defendia-se com ardor a democratização do acesso a todos os níveis de ensino e a intensificação das campanhas de alfabetização.

A essa pauta se somavam as reivindicações, chamemos assim, nacionalistas, democráticas e populares: o combate à pobreza, a defesa da Petrobras, cujas criação e consolidação estiveram associadas a grandes mobilizações estudantis, e a rejeição à exploração de serviços públicos e recursos minerais pelo capital estrangeiro — "Minério, só dá uma safra", esta era a advertência que ecoava nos seminários de defesa da economia nacional.

A preservação e a expansão das liberdades democráticas eram pauta permanente nossa. Basta lembrar da rejeição da UNE à intervenção federal na Guanabara e em São Paulo, cogitada no seio do governo Jango e das forças de esquerda, pois seus respectivos governadores, Carlos Lacerda e Adhemar de Barros, eram acusados, com razão, de conspiradores golpistas.

Menino da Mooca... no Rio

Eu assumira a presidência da UNE em julho de 1963, aos 21 anos. Não podia trancar a matrícula na Escola Politécnica da Universidade de São Paulo, mas, mesmo assim, mudei-me para o Rio de Janeiro e passei a morar na própria sede da UNE, um prédio de três andares. Havia um apartamento improvisado nos fundos do último andar. Com seus dois quartinhos, era modesto e habitável, se bem que a falta de ventilação os transformasse em perfeitos acumuladores de calor. Nem se cogitava de aparelho de ar-refrigerado, um artigo de luxo. O alívio vinha de um ventilador pequeno, cujo ronco lembrava uma motocicleta em velocidade constante. Não havia geladeira nem televisão. Eu dividia o quartinho, considerado — com rematado exagero — o mais nobre, com Duarte Pereira.

A sala mais decente era a da presidência e, por isso mesmo, na minha ausência, estava sempre repleta de estudantes sentados nas poltronas, nas cadeiras e no chão, produzindo fumaça, cinzas e tocos de cigarros, apesar de minha indignação expressa e constante.

Era só tabaco. Em toda minha vida de estudante, só cruzei com estudantes fumando maconha em festivais de teatro. No âmbito da UNE, os consumidores da droga eram considerados "alienados da realidade brasileira". Mas o tema decididamente não tinha a menor relevância. Inexistia a hipótese de que a chamada "descriminalização da maconha" pudesse fazer parte da luta por direitos civis. Não deixa de ser curioso, hoje, que tanto grupos de esquerda quanto de direita façam discurso parecido: os primeiros sugerem que a criminalização do consumo deriva de uma sociedade reacionária, apegada a valores mortos; os outros avaliam que se trata de um excesso de intervenção do Estado na regulação das vontades individuais.

Três décadas e meia depois, quando ministro da Saúde do governo Fernando Henrique Cardoso, adotei medidas para inibir o consumo de cigarro no Brasil, a começar pela proibição da propaganda, sempre enganosa, e pelas fotos de advertência nos maços. Mais adiante, no governo de São Paulo, promovi a interdição de se fumar em lugares públicos fechados, o que logo se espalhou pelo país. Isso tudo provocou uma inflexão para baixo na curva de fumantes no país. Confesso, porém, que tive mais sucesso em segurar o consumo de cigarros no Brasil do que em fazer com que meus amigos parassem de fumar. Mas não tomei tais medidas só para me vingar dos colegas que tornavam irrespirável o ar da sala da presidência da UNE... Adotei-as pensando nos efeitos mortais do cigarro, coisa que já me incomodava na década de 60. Definitivamente, contudo, essa não era uma pauta de peso nesses anos.

Cada diretor da UNE tinha direito a retirar, em dinheiro, o equivalente ao salário mínimo da época. Os cofres da entidade não estavam cheios do "ouro de Moscou", como proclamava a direita e ecoava a grande imprensa de São Paulo e do Rio. Os recursos vinham do governo federal, graças a emendas ao orçamento incluídas por um deputado da UDN, Paulo Sarasate, que fora governador do Ceará e era uma espécie de relator vitalício da área da educação. A UDN era o partido que mais atacávamos — no que éramos correspondidos —, mas isso não atrapalhava a negociação, que transcorria sem que os dois lados revelassem em público o que discutiam.

Seguindo a tradição dos parlamentares nos anos seguintes à mudança da capital para Brasília, Sarasate ia ao Rio e se hospedava no Hotel Glória. Era cordial e não criava dificuldades. Estive na antessala do seu quarto mais de uma vez para negociar o montante a ser incluído no orçamento de 1964. Chegamos com tranquilidade a um acordo: 15 milhões de cruzeiros, uns R$ 660 mil hoje.

Quando assumi a presidência, a verba do ano ainda não havia sido liberada. Isso dependia do Ministério da Fazenda. Dei-me conta logo, e na prática, de um princípio férreo da política brasileira: uma coisa é incluir verba no orçamento; outra, muitíssimo mais difícil, é liberá-la. Fui então visitar o ministro da Fazenda, Carvalho Pinto, e seu chefe de gabinete, na prática vice-ministro, Hélio Bicudo, um extraordinário homem público. Eles resolveram o assunto liberando os recursos de forma severa, parcelada, mas correta.

Aprendi com Vinícius Caldeira Brandt, meu antecessor na presidência da UNE, e também da Ação Popular, que o único jeito de evitar a inadimplência da entidade era recorrer a empréstimos bancários, a juros nominais módicos. Fiquei espantado, mas descobri que os caminhos passavam pelo presidente do Banco Nacional, instalado no Rio de Janeiro. Era um homem jovem, inteligente e, ao contrário do patrão, boa-pinta: José Luiz de Magalhães Lins. Era parente do dono do banco, o então governador de Minas Gerais, Magalhães Pinto, udenista que disputava com Carlos Lacerda a indicação do partido para ser candidato à Presidência.

O "Nacional" emprestava tendo como garantia a dotação orçamentária. Era principalmente a política, mais do que as questões práticas, o que ocupava o tempo das conversas com José Luiz. Eu me surpreendia ao vê-lo falar ao telefone, passando notas, considerações e sugestões de temas a repórteres políticos de jornais e revistas. O mais notável deles era Carlos Castello Branco, leitura obrigatória da diretoria da UNE. José Luiz dava uma informação, recebia outra de volta, fazia um suave juízo de valor a respeito, indagava sobre um assunto que o interessava. Era fascinante observar como um articulador de elite, na direção de um banco, fazia política pelos jornais.

.

A UNE, por sua vez, nem assessoria de imprensa tinha. Não sabíamos como lidar com o noticiário. Lembro-me de um episódio significativo a propósito. Por volta de setembro de 1963, Assis Chateaubriand, dono dos Diários Associados, escreveu um artigo insultando o então ministro da Educação, Paulo de Tarso Santos, com adjetivos ferozes, como nunca vi até hoje alguém fazer nem nos blogs sujos. Chatô estava imobilizado na cama por um derrame, mas conseguia escrever seus artigos catando milho, com frases curtas e sentenciosas. O motivo não revelado era simples e pouco ideológico: o MEC deixara de imprimir materiais escolares nas gráficas de algumas de suas empresas. Além de emitir uma nota protestando e de enviar um telegrama de repúdio ao próprio Chateaubriand, liguei para dois jornalistas que conhecera havia pouco, ambos da *Última Hora*, Otávio Malta e Paulo Francis. Infelizmente, não deu em nada.

Eu conhecera Paulo Francis, colunista diário daquele jornal, e texto de leitura obrigatória para toda a esquerda na época, no apartamento do deputado Leonel Brizola. Em algum momento de setembro de 1963, Brizola convidou-me para conversar em sua casa no Rio. Quando cheguei, lá estava Francis. Ficamos um tempo a sós, eu acanhado diante do colunista importante, com aqueles óculos grossos, de fundo de garrafa, que ampliavam o tamanho dos olhos que me esquadrinhavam. A pior coisa para um político, avaliava eu, seria cair em desgraça com ele.

Brizola chegou depois, cumprimentou-nos e pôs-se à vontade: tirou o paletó e então apareceu a cartucheira com um revólver que trazia na cintura. Pegou-o com a mão direita e o pôs com displicência numa pequena escrivaninha.

Nunca entendi de armas e só havia visto de perto um revólver, o do meu pai, bem menor do que aquele. A exibição marcial estabeleceu um clima estranho na reunião. Ele quis mostrar que era um homem de ação? Coisa de gaúcho dos pampas? Certamente, não pretendia intimidar Paulo Francis, que, nas suas colunas, era-lhe simpático — demasiadamente simpático para o gosto do dono do jornal, Samuel Wainer, janguista, não brizolista, e que portanto foi objeto de reclamações veementes do ex-governador gaúcho naquela noite.

Eu tinha — confesso, e nunca perdi — certa paixão pelo detalhe (onde o diabo mora), uma propensão aos pormenores que, no entanto, conseguia conciliar com os grandes embates que me envolviam. Uma das minhas obsessões era a administração da UNE. A gerência era eficiente na manutenção geral do prédio, em evitar que pessoas estranhas dormissem por lá e no cuidado com as contas da entidade. Tínhamos ainda, contudo, uma micro e ineficiente editora, e abrigávamos o Centro Popular de Cultura.

O CPC tinha voo próprio e era, na verdade, uma instituição autônoma, embora funcionasse dentro do prédio e dependesse dos recursos da UNE. Seu presidente era Ferreira Gullar, com 33 anos e já poeta consagrado. Fechei com os dirigentes do Centro a ideia de transformar um salão, então utilizado como auditório, num teatro caprichado, e consegui recursos do Ministério da Educação para a obra. Pedi a Di Cavalcanti, a quem encontrava em reuniões da Frente de Mobilização Popular, que fizesse uma pintura especial na parede perpendicular à entrada do futuro teatro. Ele aceitou o convite, dizendo que entregaria a pintura no primeiro semestre de 1964.

Oduvaldo Vianna Filho, empenhadíssimo na ideia de levar a arte às ruas, era nosso principal e um tanto ansioso interlocutor dentro do CPC. Eu sempre deixava claro que os recursos para o teatro dependiam também do atendimento às demandas da diretoria, e brincava falando-lhe que o centro já se separara da UNE e agora queria tomá-la, pois Vianinha insistia no desejo de instalar um letreiro luminoso na fachada do prédio a fim de exibir a programação do novo teatro. Eu não autorizaria aquilo jamais. Infelizmente, porém, não foi necessário fazê-lo, porque o golpe chegou antes e o teatro foi destruído.

Levar bem a campanha de alfabetização era tradição da AP e uma das maiores prioridades da UNE. A ideia era preparar materiais e coordenar com eficiência e rapidez o trabalho, interligando grupos e entidades que atuavam na área pelo Brasil afora. Botar para andar a UNE Volante em 1964, atividade que fora criada dois anos antes, na gestão de Aldo Arantes, era outra das metas principais de nossa gestão. Tratava-se de uma caravana que percorria o Brasil durante um mês, apresentando peças de teatro, bem-humoradas e engajadas, comícios e debates. A partida estava marcada para meados de abril.

Eu analisava detalhes e opinava também sobre a parte artística, junto ao Chico de Assis, diretor do grupo. Na véspera do golpe, estava quase tudo pronto. A nova peça musical era ótima. Levaríamos um filme sobre a UNE, feito por Leon Hirszman e Eduardo Coutinho, e um long-play com o musical das peças dos anos anteriores, *Auto dos 99 por cento*, uma ideia minha, materializada por Teresa Goulart. O narrador era seu marido, Ferreira Gullar.

Ao lado de Duarte Pereira, Vinícius Brandt era o mais culto do nosso meio. Notívago e vocacionado para a gastrite, como eu, ele admirava a segurança com que dizia coisas, fossem certas ou erradas. Depois da posse da nova diretoria, ficou no Rio mais uns dias, a fim de passar dicas e apresentar-me Brizola e dirigentes do CGT, além do banqueiro Magalhães Lins. Levou-me também à casa de um deputado da Frente Parlamentar Nacionalista, o já mencionado Max da Costa Santos, onde estava o jovem jornalista que reformulara o *Correio da Manhã*, Jânio de Freitas, com fama de enigmático e perspicaz.

Aprendi logo a almoçar no Lamas, na rua do Catete, junto ao Largo do Machado, onde, acompanhado dos diretores da UNE, comia contrafilé bem passado, com fritas à portuguesa, e bebia limonada batida com gelo. Ainda é a minha melhor memória sobre refeição. Embora não fosse doutrina, não se bebia álcool.

Como já sofria de insônia, às vezes, para descansar melhor, ia dormir num pequeno apartamento em Botafogo, do escritor e psicanalista Roberto Freire. Ele era diretor do Serviço Nacional de Teatro, paulista, católico, próximo da Ação Popular e, junto com o frei dominicano Carlos Josaphat, fundador do semanário *Brasil Urgente*. Foi no Rio que conheci um futuro frei dominicano, então líder da Juventude Estudantil Católica (JEC), Carlos Alberto Libânio Christo, o frei Betto, que dividia um apartamento em Laranjeiras com outros líderes estudantis católicos, como o futuro filósofo Paulo Arantes, líder da Juventude Universitária Católica (JUC).

A conciliação cochila no ar

Eu voltava para São Paulo na maioria dos fins de semana, ou, na correria, no dia em que houvesse prova na Escola Politécnica. Depois de alguma hesitação e de tentar o dormitório do trem noturno, que era demoradíssimo, optei pela ponte aérea, apesar do meu pânico de voar.

Havia o Convair, recordista em quedas; o Curtiss Comander, aeronave que, de tão barriguda, parecia grávida; o Scandia, outro perigo; o Dart Herald, considerado o mais seguro porque, diziam os especialistas, usava turbinas Rolls Royce; e o Electra I, cuja primeira geração, nos Estados Unidos, ganhara péssima reputação. Não sabia se a fábrica do turbo-hélice era de fato relevante, mas o Dart Herald tinha um charme adicional: o voo saía às 5h, e eu embarcava sem ter dormido. Lia e estudava no avião as apostilas e os resumos das aulas feitos por colegas solidários. Chegando a Congonhas, ia direto para a Poli.

Certo dia, fui do Rio a Belo Horizonte no Convair, um bimotor a pistão da Varig. No mesmo voo, por coincidência, estava o ex-ministro do Exterior e da Fazenda San Tiago Dantas, de quem ouvi uma verdadeira aula sobre o quadro de instabilidade política, a inflação e a necessidade de um entendimento, uma união do centro e da esquerda para enfrentar a crise, com concessões de lado a lado. Sentia, no fundo da alma, que ele tinha toda a razão, embora, racionalmente, estivesse convencido de que a chance do seu projeto era pequena. Ele culpava a "esquerda negativa", que era contra esse entendimento, e queria congregar a "esquerda positiva", mais sensata e com maior espírito público. Eu o respeitava. San Tiago fora um bom chanceler e fizera o possível, na Fazenda, para segurar a deterioração da situação econômica.

Com ou sem entendimento nacional, no meio da conversa San Tiago acabou cochilando. O voo estava calmo, não havia turbulência e o céu era de brigadeiro quando aconteceu algo terrível: um dos dois motores da aeronave deixou de funcionar. Pilotos, aeromoças nervosas, ninguém disse nada. Eu olhava pasmo e aflito pela janela a hélice desmaiada, com as pás girando lentamente, ao impulso do vento.

Mudei de assento, passei a fixar-me no motor bom, do qual nossa vida dependia. Não era raciocínio mágico, não. Entre o motor que acenava com o desfecho trágico e o que mantinha viva a esperança, preferia olhar para este. Acho que isso me define em boa medida. Sei quando um motor para de funcionar e jamais me neguei a reconhecer os limites da realidade, no limiar do pessimismo. Mas não renuncio nunca à esperança e tento intervir, mesmo nos momentos mais improváveis, à procura de ampliar os limites daquilo que é percebido como possível. Se existe algum outro modo de viver, desconheço.

Pedi inutilmente à aeromoça que sugerisse aos pilotos pousarmos em qualquer lugar. Quis falar-lhes. Inútil. San Tiago só soube, por mim, da quase tragédia quando acordou, no momento da aterrissagem, com um só motor. Sem nenhum abalo, comentou: "Esse avião voa bem com um motor só." Eu brinquei: "É mesmo? Mas, dr. San Tiago, ficamos dependendo de um só motor. Como ficaria sua proposta de salvação nacional se ele se fosse junto com o outro e nós dois morrêssemos agora?"

Até a véspera do golpe, San Tiago continuou pregando o entendimento. Na undécima hora, propôs que Jango nomeasse o marechal Lott, ministro da Guerra, para acalmar a oficialidade. Mas, àquela altura, João Goulart estava decidido a não adotar nenhuma medida forte para conter a marcha golpista. Era como se quisesse ser deposto sem resistência alguma.

Na UEE e na UNE

A UNE funcionava no prédio de um clube alemão, desalojado quando o Brasil entrou na guerra contra o Eixo. O governo do general João Baptista Figueiredo decidiu derrubá-lo em 1980. Usou um pretexto qualquer, pois sabia que a UNE voltaria a existir formalmente e não queria que reocupasse um prédio que simbolizava o passado de agitação.

A propósito do edifício, um erro foi cometido pelas diretorias recentes. Recebendo R$ 30 milhões do governo Lula para investir no prédio, não entenderam que a boa arte seria reconstruí-lo, ao menos na sua fachada e nas peças básicas. Ao contrário, preferiram desenvolver um novo projeto, de Oscar Niemeyer, caríssimo e de demorada execução. Sempre fico imaginando qual será o montante final do investimento e o custeio anual. Eu e os detalhes administrativos...

A sede antiga era ideal para se fixarem faixas e painéis imensos, muito mais visíveis no Rio daqueles tempos do que qualquer outdoor de hoje. No fim de 1963, estava lá uma imagem de Carlos Lacerda, em corpo estilizado de macaco, com o título: "O gorila do ano."

A inspiração viera da Argentina, onde o governo do presidente Arturo Frondizi sofrera seis tentativas de golpe, até a que se efetivou, em 1962. O Exército argentino era tão politizado que havia divergências públicas entre duas facções: a dos "azuis" e a dos "colorados", uma pior do que a outra, com seus generais apelidados de gorilas.

De todo modo, a hostilidade não era o único critério de escolha das faixas. Quando o presidente John Kennedy foi assassinado, em 23 de novembro de 1963, ocorreu-nos na hora homenageá-lo. No dia seguinte, a faixa estava lá: "A UNE lamenta a morte de Kennedy."

Antes da UNE, eu presidira a União Estadual dos Estudantes de São Paulo (UEE-SP), onde tivera de aprender rapidamente a fazer discursos, debater em assembleias e organizar movimentos de massa e atividades culturais. Não tinha experiência nas questões políticas nacionais, mas era bem informado, pois lia muito.

Sobre marxismo, recordo-me de um livro de Caio Prado Jr. dedicado ao materialismo dialético, que procurei estudar para me aprimorar, mas só aprendi que minha ignorância a respeito do tema era abissal. Por isso, dei prioridade aos panfletos clássicos, como *O manifesto comunista*, de Marx e Engels, e o *ABC do comunismo*, de Bukharin.

Lia e relia a encíclica de João XXIII, *Pacem in Terris*, o principal documento que incentivava os cristãos à militância social e política. O papa falava dos deveres dos católicos, pregava a justiça social, preocupava-se com minorias, refugiados políticos, desarmamento e os povos dos países pobres. A *Pacem in Terris* foi um imenso estímulo para o engajamento político da juventude católica no Brasil. Servia de referência a certa militância que não se encantava com o marxismo e execrava o sovietismo.

Acima de tudo, devorava diariamente os editoriais do *Estadão*, as "Notas e informações", a pretexto de conhecer melhor o pensamento dos adversários. Aos domingos, nas primeiras e últimas páginas dos grossos cadernos de anúncios, o jornal publicava artigos densos de intelectuais brasileiros e estrangeiros, de forma plural, incluindo marxistas. Tudo o que aprendi sobre a descolonização da Ásia e da África saiu dessas páginas e da sessão internacional do *Estadão*. Foi por esse jornal que soube da conferência de Bandung, na Indonésia, que reunira 33 nações da Ásia e da África e que fundara o Terceiro Mundo, formado por países subdesenvolvidos e declaradamente (ao menos) equidistantes das grandes potências. Nomes como o de Sukarno, Nkrumah e Sékou Touré foram se tornando símbolos de uma nova utopia mundial. A primeira página do *Estadão* só publicava notícias do exterior. A mudança aconteceu no dia do golpe de 1964.

Replicando a experiência da UNE, criamos em São Paulo a UEE Volante e, a cada fim de semana, íamos num ônibus alugado para as cidades do interior do estado que tinham faculdades, promovendo debates e showmícios com o nosso CPC. Fauzi Arap escrevera e dirigira um musical sobre a crise brasileira, com o chamado à luta dos estudantes, que era uma obra-prima naquele momento.

Os debates ocorriam nas salas das faculdades, sobre a conjuntura nacional, as reformas de base, os problemas do ensino, tudo precedido por uma exposição minha, como se dizia, "sobre a realidade brasileira". Aos vinte anos, eu tinha muito mais certezas do que dúvidas a respeito do que dizer e do que propor.

Indagado sobre que conselho daria aos jovens, Nelson Rodrigues, nosso adversário na época, respondeu numa única palavra: "Envelheçam!" Eu não diria o mesmo. Como muita gente, "hoje, quando me sinto, é com saudades de mim" — para lembrar o poeta português Mário de Sá-Carneiro. Talvez me ressinta também do bem-estar que as certezas provocam em nós. Mas não poderia abrir mão de tudo o que aprendi.

Intolerância e empobrecimento

Foram em 1962 e 1963 minhas duas experiências iniciais de debates políticos mais aquecidos, tendo do outro lado, curiosamente, o jornalista Ruy Mesquita, da família proprietária do *Estadão*.

A primeira vez, no auditório do Sedes Sapientiae, a faculdade feminina da PUC de São Paulo, que era um grande reduto da Juventude Universitária Católica e da Ação Popular. Naquela noite, cerca de 90% dos estudantes estavam do nosso lado, com faixas, frases de João XXIII e imagens de Cristo nas paredes, todos unidos contra Ruy Mesquita, e faziam questão de vocalizar esse fato, embora sem malcriação, com murmúrios substituindo vaias. Ele não se abalava. Apesar de considerá-lo porta-voz da imprensa reacionária, não deixei de admirá-lo pela coragem e pela força de suas convicções, tanto mais porque sozinho e num ambiente hostil.

Embora o conflito político-ideológico daquela década fosse muitíssimo mais acentuado do que no Brasil de hoje, havia bem mais interesse e tolerância nos debates das universidades. É o contrário do que se vê no dias que correm, especialmente nas faculdades públicas, entre pessoas que pensam parecido. Não é raro que dois supostos debatedores disputem apenas o posto de mais radical na mesa, como se o excesso de convicção tornasse certo o que está errado.

Sobre essa passagem com Ruy Mesquita, ouvi de um amigo de esquerda: "Esse embate seria impossível hoje em dia. O Ruy não seria convidado. Se fosse, não o deixariam falar. Há uma diferença entre a informação convicta e a ignorância convicta. A primeira é tolerante; a segunda, não." O que ainda há em mim de presidente da UNE — e há, porque ninguém pode me roubar o que vivi — lamenta essa intolerância. Ela empobrece a discussão pública.

Debati uma segunda vez com Ruy na televisão, no estúdio precário de uma emissora local, que ficava na avenida São João, em São Paulo. Ele estava na mesa, e os estudantes ficaram de pé, fora do cenário. A cada vez que Ruy tratava de um tema, a câmera se deslocava para nós, e eu fazia perguntas. Ele falava de "república sindicalista", do perigo comunista, citava o Muro de Berlim — erguido dois anos antes — e a invasão da Hungria pelos soviéticos, em 1956.

Para mim, eram duas coisas abomináveis, e eu não tinha simpatia pelo regime soviético. Mas lhe perguntava o que o muro e a invasão tinham a ver com o Brasil, com a alta do custo de vida, a miséria, a mortalidade infantil.

Ambos tínhamos e não tínhamos razão. Negar que uma parte do movimento estudantil cultivasse simpatias pelo regime que Ruy repudiava não era não só ingênuo como errado. Mas era evidente que bastava certo senso de justiça — independentemente da questão ideológica — para se indignar com as iniquidades que havia no Brasil, muitas delas ainda por aí. Por que faço esse registro?

A guerra ideológica, que resultou no golpe de Estado, acabou sendo especialmente dura com os que alimentavam anseios generosos de construir um país melhor. Nem todos os que se opuseram a Goulart no seu último ano de governo execravam a emancipação do povo. Nem todos os que se organizaram para resistir à quartelada o faziam pensando num regime socialista, muito menos de tipo soviético. Mas os tempos iam se tornando sombrios, e os matizes perdiam importância.

Em campanha nacional

Fiz campanha para a presidência da UNE no primeiro semestre de 1963, em três viagens. Para Recife, aproveitando a passagem enviada pelo governador de Pernambuco, Miguel Arraes. Ele fora pela primeira vez a São Paulo como governador, levado por nós, para um comício no Teatro Paramount, que, apesar de enorme, ficou superlotado. Como viria anos depois, o evento foi documentadíssimo pelo Dops, cujo trabalho serviu de combustível para as auditorias militares que floresceram depois do golpe de 1º de abril. Arraes retribuíra com o convite para conhecer seu governo e jantar com sua família. Lá estavam sua irmã Violeta e sua filha Ana, ainda adolescente, e que viria a ser mãe de Eduardo Campos, ainda adolescente. Ela me disse que adorava cerejas, não encontradas em Recife. Minha primeira providência foi pedir a meu pai — que trabalhava no mercado municipal de São Paulo — uma caixinha da fruta e enviar-lhe. Nunca soube se chegou.

Nessa viagem, estiquei por terra até João Pessoa, na Paraíba, onde subi numa cadeira do restaurante estudantil e fiz um discurso, declarando-me candidato, procedimento até então inusitado como método de disputar a UNE. A tradição era oposta: simular recolhimento e conchavar intensa e discretamente até a abertura do Congresso.

Na volta, fiz um pinga-pinga, detendo-me nos estados do caminho. Em Vitória, num conselho de presidentes de UEEs, gastei todo o tempo, aí sim, em conchavos, mas da AP. Cheguei ao hotel, deixei minhas coisas e só voltei no terceiro dia, passando duas noites em claro. Como uma parte das pessoas dormia à noite e a outra de dia, eu era o único que tinha as informações completas sobre o que todos diziam. Levei um par de assessores, um deles Sérgio Motta: também não voltou ao hotel, mas dormia como um anjo no chão da sala de reuniões — um bocado de dia, outro à noite. Só tomamos banho quando fomos buscar as malas. No minúsculo aeroporto, à espera do avião — o horrível Curtiss Comander, aquele barrigudo —, dormi num banco de madeira.

Em Salvador, num Seminário Estudantil do Mundo Subdesenvolvido, repleto de estudantes de todas as partes, um dos vice-presidentes da UNE, Carlos Alberto Santos, militante do Partidão, advertiu-me suavemente, pois soubera de minha peregrinação: "Assim você se queima. Nós lhe temos simpatia, mas não dá pra você se lançar assim, e sem conversar."

O PCB e o alento da Ação Popular

O PCB era a força mais organizada do movimento estudantil. Tinha quadros profissionalizados e qualificados, e de mais idade: Marcos Jaimovich, Givaldo Siqueira e Zuleika Alambert — que viriam a ser bastante perseguidos depois do golpe — davam "assistência" aos militantes sobre a conjuntura política, as alianças e as relações internacionais.

Além disso, o Partidão contava com integrantes e simpatizantes que eram jornalistas, professores universitários, intelectuais jovens e brilhantes, sem falar da presença no cinema, no teatro, na música e na literatura. O Centro Popular de Cultura fora criação do PCB, por meio de Carlos Estevam Martins e dos paulistas Oduvaldo Vianna Filho e Gianfrancesco Guarnieri. Leon Hirszman, Cacá Diegues, Arnaldo Jabor e Eduardo Coutinho eram cineastas iniciantes no CPC.

O Partidão tinha base na classe média, controlava sindicatos de trabalhadores mais organizados e era forte no meio cultural. Mas seu sovietismo estava fora de sintonia com o que almejava a juventude que despertara para a vida política no início da década de 60, sob o impacto da revolução em Cuba, as mudanças no terceiro mundo e o incentivo da Igreja de Roma. O PCB punha fé excessiva no papel político intervencionista-progressista dos militares e nada falava de socialismo com liberdade, limitando-se à propaganda de um regime no qual poucos acreditavam.

A absurda ilegalidade à que o Partidão fora submetido a partir de 1947 contribuía de forma decisiva para esse fechamento. Não precisava disputar diretamente as eleições nem desfiar suas crenças ideológicas completas nas ruas e nas rádios, à procura do voto popular para a legenda.

Raramente seus membros tinham cacife para disputar a presidência de entidades estudantis. Em geral, preferiam compor-se com os chamados "independentes", que encabeçavam chapas nos centros acadêmicos e nas UEEs. No fundo, a disputa se dava entre a AP e os "independentes do PCB", como os qualificávamos, de forma sarcástica.

Em 1962, dois amigos de hoje se aliaram dentro desse esquema: Arnaldo Madeira, dirigente da juventude universitária do Partidão, e Michel Temer, independente do Centro Acadêmico 11 de Agosto, que disputava a presidência do Diretório Central dos Estudantes da USP contra o candidato da AP, o futuro arquiteto e diretor da Faculdade de Arquitetura e Urbanismo da USP, Silvio Sawaya. Ganhamos raspando.

Até o início de 1962, eu me envolvera com teatro (era diretor do Grupo Teatral Politécnico), com debates sobre a reforma universitária e greves. Era razoavelmente informado e politizado, em virtude do gosto pela leitura que adquirira ainda na infância. Gostava de história e tinha uma grande curiosidade para os fatos da economia e da política.

Fiquei próximo da direção da Juventude Universitária Católica, cujos principais líderes em São Paulo eram José Carlos Seixas, estudante de medicina, e Walter Barelli, da economia. Mesmo sem integrar a JUC, eles me lançaram candidato à presidência da UEE, e vencemos com facilidade.

O Partido Comunista não me atraía. Achava que a União Soviética era uma ditadura. Aborrecia-me com o dogmatismo de muitos dos seus militantes, repisando clichês. O ambiente provinciano explica muito da força do Partidão. Era impossível acompanhar qualquer discussão proveitosa no âmbito da esquerda. O trotskismo praticamente inexistia. A China de Mao Tsé-tung era *terra incognita*. Ninguém sabia direito o que se passava com a social-democracia europeia. Revistas internacionais como a *New Left Review*, *The Nation* e *Monthly Review* não circulavam. Desconhecíamos o que ocorria nos países vizinhos. Ninguém que eu conhecesse lera *O capital* — aliás, não havia edição em português do livro. Parecia não haver luta por justiça social fora do PCB, que se apresentava como herdeiro da Revolução Russa, vencedor do fascismo na Segunda Guerra Mundial e garantidor da libertação das colônias africanas e asiáticas.

Nesse contexto, a criação de uma força política jovem e aguerrida, sem adesão automática à União Soviética nem grande rigidez disciplinar, passou a me atrair. Pesaram também as afinidades pessoais com dirigentes da JUC e o jeito de ser de suas jovens integrantes, que gostavam de novidades e eram cultas e alegres, além de bonitas.

O entusiasmo por tudo isso me levou a ser um dos fundadores da Ação Popular em São Paulo. A AP começou a tomar forma em 1962. Foi, no começo, o braço leigo da JUC, cuja politização crescente começava a incomodar parte da hierarquia da Igreja católica. Tiveram papel arregimentador na organização da AP um documento do padre jesuíta Henrique Vaz e o livro *Cristianismo hoje*, com artigos do dominicano francês Thomas Cardonnel, de Luís Alberto Gomes de Souza e de Herbert José de Souza, o já citado Betinho.

Guerra, ressentimento palestrino e cinema

Tive contato com a política já na infância, de forma bem heterodoxa. Nasci quando o Brasil entrou na guerra contra o Eixo Alemanha-Japão-Itália. Meu pai chegara ao Brasil em 1939, vindo da Itália. Três anos depois, com seu país de destino em guerra contra o país de origem, o drama familiar foi imenso, e engolfou meu avô materno e tios, todos calabreses. O único irmão de meu pai que não emigrara, um bonitão de chapéu elegante cuja foto adornava a parede da sala, fora preso na Grécia em 1940. Mandado para um campo de concentração na Austrália, só foi libertado dois anos depois da rendição alemã.

Eu tinha três anos no fim do conflito, e a lembrança mais antiga que tenho da vida é a de meu pai, no escuro da madrugada, ouvindo notícias e discursos, transmitidos da Itália, num rádio de ondas curtas. Como isso era proibido, ele e minha mãe pediam que não comentasse o fato com ninguém, apesar de eu não ter noção do que se tratava. Havia também o racionamento e a fila do pão, para a qual era levado no colo na madrugada fria. "É a guerra, filhinho" — dizia minha mãe. Importantíssimo, ainda, foi que a guerra contra a Itália provocara a mudança do nome do time alviverde — de Palestra Itália para Palmeiras —, criando um ressentimento entre os palestrinos que se estenderia por anos.

A existência de outros países no mundo que brigavam entre si com ferocidade, as ações de líderes controvertidos, a prisão de parentes e a falta de comida por causa da guerra — tudo começara a ser processado por mim antes mesmo de ser alfabetizado, aos seis anos, na pré-escola Dom Bosco, dos padres salesianos.

Ao assistir, nos cinejornais, a cenas da Guerra da Coreia, aos oito anos, passei a armazenar o pão que recebia no lanche do jardim infantil que frequentava, no Parque Dom Pedro. Guardava-o numa camiseira da sala, escondido de minha mãe. Precavia-me para a possível falta de comida.

Aos dez, onze anos, eu já discutia com adultos sobre a guerra, falava bem ou mal de Getúlio Vargas, Adhemar de Barros e até de Perón — nesse caso, porque tinha tios e primos que emigraram para a Argentina, o que levava meus familiares a acompanhar o que lá acontecia.

No segundo ano do ginásio, aos doze anos, acompanhei dia a dia o noticiário sobre a "invasão" da Guatemala de Jacobo Arbenz por tropas patrocinadas pelos Estados Unidos — foi a primeira intervenção militar de peso dos norte-americanos na América Latina no pós-guerra. Fiquei atento à derrota francesa na Indochina — a primeira guerra vencida pelos vietnamitas; vinte anos depois, derrotariam os Estados Unidos.

Ainda na primeira adolescência, lia tudo sobre a Segunda Guerra e devorava a revista *Seleções*, da Reader's Digest, cujos exemplares antigos — a revista começara a ser publicada em português em 1942 — estavam disponíveis na biblioteca do ginásio estadual onde estudava, o Firmino de Proença. Biblioteca arrumada e confortável, de cujas estantes saíam os livros de Machado de Assis e Conan Doyle, criador do detetive Sherlock Holmes. Com quatorze anos, cheguei a ler, página por página, o diário de Joseph Goebbels, o ministro de propaganda da Alemanha nazista, comprado de um ambulante no centro de São Paulo.

Outra forma de aprendizado político foi o cinema. A ida às matinês da sala do bairro era obrigatória aos domingos. Passavam dois filmes, trailers de outros, fita em série, desenho animado e cinejornal! Maravilha para os pais, cujos filhos passavam pelo menos quatro horas em lugar seguro e divertido. Eu era levado por amigos mais velhos ou segurava vela para minhas tias e seus namorados, cumprindo a missão, delegada por minha avó, de zelar pelo pundonor dos jovens casais.

Não entendia as legendas, e esse acabou sendo o maior estímulo para aprender a ler. O primeiro filme que consegui acompanhar — levado por minha mãe, numa sessão da noite — foi *Hamlet*, com Laurence Olivier, que achei um tanto longo e terrível em razão do fantasma e dos assassinatos, sem mencionar o suicídio da tresloucada Ofélia.

Nas matinês, uma algazarra sacudia a sala quando o cinejornal mostrava o presidente Eurico Dutra. Os indefectíveis terno e gravata escuros serviam de senha para vaias exaltadas e prolongadas, acompanhadas de batidas de pés no chão e de mãos nas cadeiras rústicas de madeira. A audiência era composta de uma molecada arrelienta e impaciente, à espera do filme. Em vez disso, aparecia o Dutra? Implicava-se com o presidente e demais homens de governo, todos formais, que atrasavam o espetáculo. Punha-se a boca no mundo.

AP e UNE

Não chamávamos a AP de partido, sequer de organização, mas de "movimento". Ela não tinha presidente nem secretário-geral à la Stalin, mas um coordenador, Betinho, católico, formado pela Universidade Federal de Minas Gerais. Foi numa conversa com ele, sentados num banco da praça Clóvis Bevilácqua em São Paulo, que tomei a decisão final de ingressar na AP. O movimento tornou-se, rapidamente, a maior força entre os estudantes e começou a espalhar-se no campo, no bojo da sindicalização rural, no segundo semestre de 1963. Para isso lhe valiam as ligações com a Igreja e a experiência de campanhas de alfabetização.

No começo de 1964, os três deputados federais que nos eram mais próximos — Almino Affonso, Paulo de Tarso Santos e Plínio de Arruda Sampaio — decidiram ingressar na AP. Mas não houve tempo para implantar a decisão. Eu próprio defendia que Sampaio fosse nosso candidato a prefeito de São Paulo no ano seguinte, em 1965.

A AP obteve grande maioria no Congresso de Quitandinha e no de Santo André, onde fui eleito presidente da UNE. Era a força amplamente hegemônica do movimento estudantil naqueles anos. O Congresso da UNE reunia dois estudantes de cada faculdade do Brasil — cerca de mil delegados. A diretoria que concluía o mandato elaborava uma carta de princípios. Quem concordasse passava a integrar a "situação". Era a política da frente única. Dentro da frente — que abrangia 90% dos delegados —, eram organizados os debates com os candidatos a presidente, seguidos de votação. Nessa etapa, a possibilidade de manipulação das cúpulas era pequena. Nos debates, perguntava-se sobre tudo: biografia, educação, reformas, situação internacional, ideologias, tudo mesmo, além de programas de gestão.

Em Quitandinha, concorreram entre si dois candidatos da AP. Em Santo André, também. Meu concorrente era Sérgio Gaudenzi, da Bahia. Disputamos os votos em cada uma das bancadas estaduais.

Não tive o apoio inicial do PCB, que preferia meu concorrente, nem dos grandes quadros nacionais da AP, entre eles Betinho e o então presidente da UNE, Vinícius. O favorito deles, Paulo Mendes, baiano, era da JUC, experiente e com um par de anos a mais, mas acabou excluído: para que alguém fosse candidato, devia obter o apoio de sua bancada estadual, mas o preferido na Bahia era Gaudenzi, presidente da UEE de lá.

Eu não fora da JUC — o que pesava contra — nem conhecia bem suas principais figuras. Mas tinha a vantagem de que a bancada de São Paulo detivesse 20% dos delegados do Congresso — e apenas os dois do Centro Acadêmico 11 de Agosto, das Arcadas, declaravam-se neutros. A um deles, porém, que namorava uma menina da JUC, oferecemos o posto de orador da bancada, e isso resolveu o assunto.

A composição da diretoria da UNE era objeto de tensão em toda a esquerda, mas cada candidato indicado precisava do apoio da maioria de sua bancada. No final, a AP ficou com cinco diretores, os independentes com três e o Partidão com dois. Logo no começo da gestão, os "independentes" fizeram jus às aspas, ao se declararem — para nossa indignação — integrantes do PCB. Quando ocorria um impasse, o que era raro, eu repetia: "Voto duas vezes, como presidente e como membro da diretoria."

Ao fim e ao cabo, isso não teve nenhuma influência nas relações pessoais nem no trabalho político da entidade. Não havia tempo nem prioridade para tanto. Os diretores da UNE que assumiram orgulhosamente seu mandato em julho de 1963 seriam protagonistas e vítimas do turbilhão assustador que, em oito meses, explodiria a democracia brasileira e mudaria para sempre a vida de cada um, a começar pela minha.

A mãe das calamidades

O gatilho da radicalização da política e da deterioração da economia pré-64, que levou ao golpe de 1º de abril, foi a renúncia de Jânio Quadros à Presidência da República, em 25 de agosto de 1961. Parafraseando o historiador Fritz Stern, essa foi a calamidade que desencadeou todas as outras naquela década.

Jânio fora eleito com folgada maioria, em oposição às forças que sustentavam seu antecessor, Juscelino Kubitschek. Mas, com sete meses de governo, enviou ao Congresso uma carta renunciando ao mandato. De fato, pretendia que a renúncia criasse um impasse, até porque o vice-presidente, João Goulart — em viagem à China — era fortemente rejeitado pelos conservadores e por grande parte do oficialato. Pela Constituição, presidente e vice eram eleitos separadamente, e Goulart, que era vice de Juscelino, fora reeleito e continuara no cargo.

Diante da enrascada provocada pela carta de renúncia, a confusão instalada no país e a sua expectativa de que a população fosse às ruas pedindo que ficasse, Jânio imaginara assumir maiores poderes, virando um De Gaulle mato-grossense. Não lhe ocorrera a hipótese de o Congresso aceitar e formalizar a renúncia, como o fez, instalando interinamente na Presidência da República o presidente da Câmara.

Na sequência, os ministros militares opuseram-se de imediato a que Goulart retornasse ao Brasil para assumir o cargo vago. Houve, no entanto, um clamor pela posse do vice-presidente, especialmente no Rio Grande do Sul, onde irrompeu um movimento pela legalidade, comandado pelo governador Leonel Brizola e apoiado pelo poderoso Terceiro Exército, sediado em Porto Alegre. A crise veio a se resolver com a posse de Jango, mas num regime parlamentarista.

Os efeitos da aventura janista cobraram um preço exorbitante. Tiraram a devida atenção do poder público para a crise de curto prazo da economia, que continuaria se agravando até o golpe, 31 meses depois.

A vitória da luta pela legalidade criou confiança exagerada no poder de mobilização das massas urbanas e tornou Leonel Brizola a figura mais importante da esquerda, principal credor político de João Goulart. Por outro lado, dividiu e politizou ainda mais as Forças Armadas, estimulando a esquerda, além da direita, a atuar sem inibições. Deflagrou também crescente agitação nos escalões inferiores do Exército, da Marinha e da Aeronáutica, que haviam se movimentado pela posse de Jango. Isso veio a contribuir para empurrar oficiais legalistas aos braços das forças que pretendiam derrubar a ordem constitucional vigente. O legado de Jânio Quadros foi medonho.

Outro fator de radicalização do início da década foi a eleição, em 1960, do líder civil da direita, Carlos Lacerda, para governador da Guanabara, com 37% dos votos, em razão de uma divisão dos eleitores entre dois candidatos antilacerdistas, cujos votos, somados, perfizeram mais de 58% do total. Essa lembrança foi para mim decisiva quando, na Constituinte de 1988, fui o maior defensor da obrigatoriedade de segundo turno nas eleições para presidente, governadores e prefeitos de cidades grandes. Lacerda ganhou uma polícia própria, que estreou na repressão durante a "crise da legalidade" — quando as prisões de militantes de esquerda correram soltas —, e, pelo cargo, alcançou audiência nacional para suas pregações golpistas.

No campo internacional, também na virada dos anos 50 para os 60, houve um evento que entusiasmou a juventude politizada de toda a América Latina: a Revolução Cubana, que derrubou a ditadura de Fulgêncio Batista, conduzida por Fidel Castro, que chegou ao poder com 32 anos; seu braço direito, Ernesto Guevara, tinha 30.

No início, os jovens chefes guerrilheiros tiveram apoio da opinião pública dos Estados Unidos e a simpatia da imprensa mundial, incluindo o jornal *O Estado de S. Paulo*, insuspeito de qualquer veleidade esquerdista. Mas a lógica do processo produziria em pouco tempo o confronto com o governo norte-americano e o deslocamento da ilha para a órbita soviética. A revolução democrática se tornara socialista e fora possuída pelo messianismo: para Fidel e Che, a guerrilha daria rumo, técnica, energia e coragem a que os países latino-americanos fizessem suas próprias revoluções.

A tentativa fracassada da invasão da Baía dos Porcos, em abril de 1961, com recursos e armas norte-americanos, só fizera aumentar a solidariedade a Cuba e à sua revolução. Noves fora a questão da incorporação à órbita soviética, ficava uma ideia entre os jovens de esquerda: se até uma ilha caribenha conseguira mudar tanto, por que não o Brasil?

Parecia importar menos que tivéssemos uma Constituição democrática e eleições livres; ou que a nossa economia fosse bem mais desenvolvida e complexa. Além disso, o fenômeno cubano pegara o governo dos Estados Unidos mais ou menos de surpresa. Do ponto de vista da Casa Branca, seria inconcebível que o Brasil, o segundo maior país das Américas em território contínuo e em população, mudasse de órbita. Como disse John Kennedy, um Brasil socialista representaria para o Ocidente o que a China maoista fora para a Ásia.

Nos anos anteriores, o Brasil dera um notável salto no processo de industrialização e passara a fabricar bens de consumo duráveis, automóveis à frente, insumos básicos e bens de capital. Também expandira a infraestrutura necessária à integração nacional da economia. Tudo coexistindo com o florescimento das liberdades democráticas. A modernização da economia e da sociedade, mesmo restrita, elevara as expectativas. O desenvolvimento rápido gerara um "efeito túnel", na imagem de Albert Hirschman: quando há duas filas de automóveis paradas dentro de um túnel, e uma delas começa a andar, o sentimento dos que estão na outra se torna otimista: "Vai chegar a nossa vez."

Havia também fatores simbólicos que entusiasmavam. A criação de Brasília despertava atenção em todo o mundo. A cultura nacional se renovava na música, no cinema e no teatro. Para culminar, o Brasil ganhara duas Copas do Mundo seguidas, na Suécia, em 1958, e no Chile, quatro anos depois.

Devido ao acelerado crescimento demográfico e à migração do campo para a cidade, no entanto, a população urbana crescera a quase 6% ao ano durante a década de 50, mais do que o dobro da expansão do emprego industrial. Aumentara a pressão sobre a oferta de alimentos, com a consequente subida da inflação; ampliou-se o subemprego urbano, a visibilidade da pobreza e a desigualdade nos grandes centros. Mal existiam políticas de atendimento social aos pobres e aos migrantes.

Essa situação servia de impulso para a formulação de reformas que levassem a um país mais justo. O mundo tinha mudado: o nazifascismo europeu fora derrotado, o colonialismo na África e na Ásia agonizava. Dois golpes de Estado no Brasil, em 1955 e 1961, tinham sido frustrados. Entre os estudantes politizados, acreditava-se que o Brasil pudesse mudar muito mais e rapidamente. Era como se a revolução estivesse na virada da esquina.

Jango em três tempos

O governo do presidente Goulart teve três etapas. A primeira concentrou-se na derrubada do parlamentarismo e na restauração do presidencialismo. Isso consumiu energia e açulou os militares: Jango não parou de buscar entre eles apoio para antecipar um plebiscito sobre o sistema de governo, inclusive com declarações e ultimatos ao Congresso. Enfrentar as dificuldades de curto prazo da economia não era a sua prioridade. Em essência, o recado era: sem os poderes do presidencialismo, não conseguiremos deter a crise econômica; na chefia do Executivo, combateremos a crise promovendo as reformas de base.

O ciclo de Juscelino Kubitschek, bem-sucedido na industrialização e no crescimento, deixara desequilíbrios sociais e econômicos de grande tamanho, projetados no estrangulamento externo, no déficit público crescente e na inflação ascendente, numa época em que não havia correção monetária automática de salários, tarifas e contratos. Paralelamente, no caso dos assalariados, a inflação em alta exacerbava as reivindicações e fomentava greves, fortalecendo o movimento sindical.

Ao mesmo tempo, era virulenta a corrosão das poupanças em dinheiro das famílias de trabalhadores e da classe média baixa, pela ilusão monetária e a inexistência de instrumentos que garantissem seus valores reais. No caso de minha família, os efeitos da aceleração inflacionária foram devastadores, empobrecendo-nos a olhos vistos. Desde a adolescência, eu implicava com os rendimentos de uma caderneta de poupança que meu avô me abrira na Caixa Econômica. A cada ano, valiam menos, apesar de sempre depositarmos mais. Meus primeiros conflitos sérios com meu pai, na segunda adolescência, deveram-se à sua recusa em endividar-se para comprar algum imóvel, a prestações fixas. Ele preferia deixar o (pouco) dinheiro no banco, a juros muitíssimo abaixo da inflação.

Apesar de admirar o que o governo Kubitschek fizera em matéria de industrialização, eu me exasperava com o processo inflacionário, como viria a fazer pelo resto da vida. Em 1960, com dezoito anos, deixei-me levar pela demagogia do candidato que prometia enfrentá-la. Votei em Jânio. Só daria o próximo voto a presidente 29 anos depois.

Um episódio curioso mostra a consciência que o próprio Juscelino tinha da situação difícil do Brasil no fim do seu governo. Ele tentou articular para sua sucessão, sem êxito, um acordo entre seu partido, o PSD, e o seu maior adversário, a UDN. O candidato da coalizão seria o governador da Bahia, Juracy Magalhães, que fora o primeiro presidente da Petrobras. Udenista tido por bom administrador, Juracy disse ter ouvido de Juscelino: "Juracy, com sua eleição, a UDN não vai mais bater às portas dos quartéis. Você arruma a casa, implanta as políticas que são necessárias para a estabilidade, e eu volto em 1965, para reeleger-me."

O plebiscito que restabeleceu o presidencialismo, em janeiro de 1963, foi apoiado, aberta ou disfarçadamente, por todos os possíveis presidenciáveis declarados na eleição de 1965: Juscelino, Magalhães Pinto, Lacerda e Adhemar de Barros.

Goulart começou, então, a segunda etapa do seu governo. Montou um bom gabinete de ministros, dos melhores de toda a República. Uma de suas figuras de proa era um destacado estudioso da economia brasileira, Celso Furtado, que foi comandar o então recém-criado Ministério do Planejamento. Furtado preparou o Plano Trienal de

Desenvolvimento, que oferecia boas perspectivas para o futuro da economia, mas, no curto prazo, previa um programa de estabilização, compartilhado pelo novo ministro da Fazenda, Francisco Clementino de San Tiago Dantas — homem público preparado e ex-ministro das Relações Exteriores.

A inflação acumulada no último trimestre do ano anterior fora de 18%, fato até então inédito. O plano previa cortes de subsídios ao petróleo e ao trigo importados e de outros gastos públicos, aumento de receita tributária, aperto monetário, controle de preços e moderação dos reajustes salariais. Devido à retirada dos subsídios, a inflação acumulada no primeiro trimestre saltou para mais de 20%. A meta do Plano Trienal para todo o ano de 1963 era de 25% — na prática, atingiu 80%.

No início de 1963, num domingo, fui aguardar em Congonhas o ministro Celso Furtado. Eu era presidente da União Estadual dos Estudantes e organizara um debate sobre o Plano Trienal. Pálido, sério e bem-apessoado, Furtado era econômico nas palavras. Enquanto tomávamos café, encostados no balcão da lanchonete do aeroporto, perguntei-lhe por que chegara pela ponte aérea, em vez de ter vindo num avião da Força Aérea Brasileira (FAB). "Prefiro voo de carreira" — explicou. "É mais tranquilo, não tem aparato. Tenho viajado pelo Brasil assim. Estou investindo um tempo enorme na explicação do plano, em todas as regiões, junto a todos os setores. Precisamos arrumar a economia brasileira, fazer reformas, prepará-la para um novo salto. Vocês, jovens, têm um papel fundamental na discussão e na difusão das ideias."

Furtado deu uma lição de espírito público sem precisar dizer o básico do seu gesto: fazia questão de evitar a ostentação, usufruindo da FAB, e por isso viajara na ponte aérea. "O senhor tem sido um verdadeiro apóstolo da economia" — comentei como forma de agradecimento.

Fomos de táxi para a cidade universitária, onde nos aguardavam uns duzentos estudantes, jornalistas e alguns militantes do PCB, estes motivados pela presença do outro debatedor convidado — Mário Alves, integrante da direção do partido.

Celso Furtado fez a apresentação do plano e dissertou com desembaraço e didatismo sobre a economia brasileira. Mário Alves, um baiano franzino e de voz fraca, mas fluente (que morreria sob as piores torturas em 1970), criticou o plano. Foi contundente no conteúdo e educado na forma. Atacou os cortes de subsídios, os privilégios ao "capital imperialista e ao latifúndio exportador", sem apresentar opções claras sobre o que fazer. Espelhava a posição do seu partido e de grande parte da esquerda sobre a política econômica, que turbinaria as reivindicações dos sindicatos nos meses seguintes. O ministro rebateu a análise e as conclusões de Alves de forma clara e enfática, mas sem agressividade. O público aplaudiu os dois. Apesar de ser o coordenador da mesa, concentrei-me em anotar tudo o que diziam.

Foi um evento impensável nos dias de hoje. O ministro poderoso viajava para explicar suas ideias a um pequeno número de pessoas, a maior parte refratária ao seu pensamento. Nem por isso o dirigente do PCB aproveitou para atacar o oponente. Furtado pode não ter convencido os estudantes nem os comunistas, mas ganhou o meu respeito. Pensei: tomara que ele tenha razão e as coisas deem certo; um dia vou entender mais desse assunto, formar ideias próprias.

Em pouco tempo, porém, o Plano Trienal naufragou, e Jango mudou o ministério. Fatores de peso foram a inflação corretiva associada à eliminação dos subsídios ao trigo e ao petróleo, e o reajuste do funcionalismo federal, pelo impacto sobre as contas públicas e como piso de referência para o setor privado e das empresas estatais.

A oferta do governo era de um reajuste de 40%, a reivindicação era de 80%. Criado o impasse, Jango arbitrou sozinho, concedendo entre 60% e 70%.

Começou a terceira fase do governo João Goulart: a inflação correndo solta, a espiral preços-salários, a economia em declínio, as conspirações da direita.

Metralha contra metralha

A Frente de Mobilização Popular, como já vimos, pressionava o presidente contra a "conciliação", isto é, o seu entendimento com as forças de centro — o oposto do que, em tese, deveria ser feito. Goulart foi se aproximando mais do PCB. E o fez de maneira ambígua: não rompeu com o centro e cortejou com insistência os generais, mas agitava as reformas de base, pedia que houvesse pressão sobre o Congresso e finalmente foi às ruas.

Que reformas de base eram aquelas? De longe, a mais apregoada e debatida era a reforma agrária, posta como condição para a vitória sobre a carestia, a inflação de alimentos. Seu aspecto redistributivo de patrimônio e renda (para os trabalhadores rurais) era sempre ressaltado, mas o que lhe dava força junto à opinião pública era a ideia de que permitiria controlar o custo de vida. O conflito com o Congresso girava em torno da forma de pagamento das terras desapropriadas — em dinheiro à vista ou não. A utilização de títulos da dívida pública era inaceitável pelos defensores do direito à propriedade, seja porque não era bem explicada pelo governo, seja porque não existia a cultura da correção monetária e do título público indexado. A maior parte da alta hierarquia da Igreja católica apoiava a reforma, enquanto cardeais e bispos eminentes a repudiavam, invocando valores cristãos, no padrão Tradição, Família e Propriedade.

A questão essencial era, no entanto, outra: independentemente de seu mérito social, e apesar de custosa, a reforma agrária não era — nem nunca foi — instrumento para combater a inflação a curto prazo. Havia dois enganos, repassados à população: à direita, dizia-se que o direito à propriedade estava ameaçado no campo e até nas cidades, e "função social" da terra era um termo satanizado; à esquerda, afirmava-se que uma reforma rápida, drástica e massiva eliminaria a pobreza rural e a carestia.

Um poema-manifesto de Vinicius de Moraes, escrito no auge da questão agrária, expressa bem o ambiente radical prevalecente:

> Senhores Barões da terra
> Preparai vossa mortalha
> Porque desfrutais da terra
> E a terra é de quem trabalha
> Bem como os frutos que encerra
> Senhores Barões da terra
> Preparai vossa mortalha.
> Chegado é o tempo de guerra
> Não há santo que vos valha:
> Não a foice contra a espada
> Não o fogo contra a pedra
> Não o fuzil contra a enxada:
> — União contra granada!
> — Reforma contra metralha!...
> — Granada contra granada!
> — Metralha contra metralha!
> E a nossa guerra é sagrada
> A nossa guerra não falha!

Vale registrar que, antes de completar um ano de vida, a ditadura que emergiu do golpe de 1º de abril aprovou o Estatuto da Terra. Essa mesmíssima lei teria sido aceita pelo governo Jango e repudiada ao infinito pela direita que se engajava na sua derrubada. Entre outras coisas, consagrava a "função social" da terra.

Duas outras reformas de base já haviam sido encaminhadas favoravelmente pelo Congresso, sem que este tivesse de ser encurralado. Em março de 1963, foi aprovado o Estatuto do Trabalhador Rural, prevendo a implantação no campo da Consolidação das Leis do Trabalho, a CLT. Posto em prática pelo ministro do Trabalho, Almino Affonso, o estatuto viria a exercer, no futuro, um impacto imenso sobre a modernização capitalista da agricultura brasileira e as condições de vida dos trabalhadores rurais.

O Congresso também aprovara, em 1962, uma lei limitando as remessas de lucros e royalties do capital estrangeiro para o exterior, mas o próprio Jango, temendo (corretamente, diga-se) seus efeitos sobre a fuga de capitais, evitou sancioná-la. O Congresso mesmo teve de promulgá-la, embora o presidente só viesse a regulamentá-la em janeiro de 1964. Em matéria de medidas que pudessem ser consideradas "nacionalistas e populares", o Parlamento não era, ao fim e ao cabo, um reduto da intransigência.

As reformas de base na área do ensino também estavam em andamento. Eram aquelas defendidas pela UNE: aumento de vagas nas universidades públicas, aceleração das campanhas de alfabetização e extinção da vitaliciedade da cátedra universitária. Elas não promoviam grandes traumas no sistema; a questão da vitaliciedade encontrava alguma resistência nos conselhos dirigentes das universidades, mas nada que fosse intransponível, na medida em que não houvesse efeito retroativo.

Na área política, o barulho era grande, mas as reformas pretendidas — voto dos analfabetos e elegibilidade de sargentos e suboficiais —, se fossem aprovadas, e nunca o seriam no caso da elegibilidade, não chegariam a representar nenhuma revolução política. Quanto à "reforma bancária", sempre citada, nunca descobri do que se tratava. Desde logo, ninguém propunha estatizar os bancos, nem mesmo em discursos. Reforma jurídica, para mim, era um mistério. Nacionalizar a exploração de serviços públicos, como energia e telecomunicações, era um processo já em andamento, e a Eletrobras, tão fortalecida pelos governos militares posteriores ao golpe, já fora criada por Goulart. O contencioso existente era sobre quanto pagar pela encampação das empresas americanas, impasse que criava atrito com a Casa Branca, mas nada que exigisse um confronto armado.

A análise ponderada das reformas de base sugere que elas eram bem menos incendiárias do que Jango, a esquerda e a direita faziam crer. As reformas nem resolveriam a crise nem implantariam um regime cubano no Brasil. Mas os pronunciamentos de Goulart passaram a ser frequentes e dramáticos a partir do episódio do estado de sítio, em outubro: sem as reformas, não conseguiria enfrentar as dificuldades, viria a catástrofe... Era preciso pressionar o Congresso! Um caminho que refletia mais a aflição e a desorientação de um governo, infernizado pelos conflitos e pelos tropeços da economia a curto prazo, do que uma estratégia eficiente e calculada. Gerava mais, muito mais insegurança ainda ao país em crise.

O cinquentenário do golpe de 1º de abril de 1964 foi objeto de grande cobertura da imprensa, muitas entrevistas, artigos e livros. Eu mesmo dei vários depoimentos. Foi inevitável a repetição da pergunta: por que aconteceu o golpe? Qual o fator mais importante?

O professor E. J. Mishan publicou, em 1975, um ensaio de onde extraí uma fábula, que mencionei na minha tese de doutorado sobre a queda de Salvador Allende no Chile. Sou tentado a repeti-la quando penso nas razões que levaram ao golpe de 1964. A fábula é assim:

Qual é a causa da morte do canário? O gato o matou, é fato. Mas, se o canário tivesse sido mais rápido, o gato não o teria capturado. Se o gato tivesse sido mais bem-alimentado, não teria atacado o canário. Se a empregada não tivesse sido tão descuidada e deixado a porta aberta, o gato não teria entrado na sala. Se a patroa nunca tivesse levado o gato bestial pra dentro de casa, isso poderia não ter acontecido. Pode-se prosseguir indefinidamente nessa trilha em vez de admitir que não existe uma causa única para a morte do canário. Ou existe: a causa única é a coincidência de todos esses eventos.

O canário estava morto, era um fato. E minha primeira estação rumo ao desconhecido foi a Embaixada da Bolívia. Estava com 22 anos. Lembro-me de que me vieram à mente, então, versos de Gonçalves Dias, de *I Juca Pirama*, herança dos bancos escolares:

Possas tu, isolado na terra,
Sem arrimo e sem pátria vagando...

CAPÍTULO III
Sem pátria vagando

A Embaixada da Bolívia se circunscrevia a um apartamento de duzentos metros quadrados na Praia de Botafogo. Foi lá que passei a interessar-me por Haya de la Torre, um intelectual e político peruano, várias vezes preso e exilado. Chegou até a ganhar uma eleição presidencial em 1962, mas foi impedido de tomar posse pelos militares. Em todo caso, esse não era o foco da minha atenção, por mais simpatia que sentisse pelo líder peruano e seu país.

O que realmente me preocupava era o fato de que, no final dos anos 40, ele se asilara na Embaixada da Colômbia em Lima, mas o governo peruano recusou-se a conceder o salvo-conduto. Por isso, De la Torre ficaria cinco anos retido no prédio da representação colombiana.

Quando me foi negado o salvo-conduto para viajar, Paulo Alberto brincou:

— Serra, você vai virar um caso famoso. Será o Haya de la Torre brasileiro, morando em Botafogo...

Paulo Alberto, Marcelo Cerqueira e alguns outros ganharam o salvo-conduto e viajaram. No meu caso, a primeira recusa trouxe, no início, um certo prazer mórbido, pois eu não queria ir para a Bolívia. Cogitava até escapar da Embaixada, apesar dos soldados na porta. No decorrer do tempo, porém, abandonei esse plano, não apenas porque não tinha onde ficar e com quem me articular, mas também pelo que seriam as sucessivas recusas do Itamaraty em me dar o salvo-conduto, somadas à resposta que o então ministro da Guerra, general Costa e Silva, dera ao próprio embaixador boliviano, Álvaro Castillo, de que não me dariam o salvo-conduto.

Ficara evidente que, se eu conseguisse escapar, haveria um deus nos acuda: fariam de tudo para me encontrar. Assim, permaneci na Embaixada, em alguns momentos como o único hóspede. De todos os asilados, em todas as embaixadas, creio que fui o que mais tempo ficou retido — cerca de oitenta dias.

No pico, aquele apartamento no sexto andar chegou a abrigar umas trinta pessoas. No total, terão passado por lá talvez o dobro desse número. Mas, apesar da síndrome de Haya de la Torre, do desgosto pelo que acontecia fora e da ansiedade sobre o futuro, a vida ali estava longe do inferno.

Para começar, tive a oportunidade de conhecer pessoas da esquerda brasileira, com enorme curiosidade. Éramos como que tripulantes de um mesmo navio, mas que não se conheciam — a começar pelos dois marinheiros cujos nomes se apagaram da memória, deixando somente a lembrança de homens cordiais, discretos e pouco politizados. Não guardavam nenhuma semelhança com os enfurecidos marinheiros de *O encouraçado Potemkin*, na forma como o diretor soviético Eisenstein retratara, em 1925, o motim havido na Rússia tsarista em 1905, evento considerado uma das sementes da Revolução de 1917. Suas motivações essenciais não eram as reformas de base ou a tomada do poder do Ministério da Marinha. Nem davam grande importância à questão da elegibilidade dos escalões inferiores das Forças Armadas. A questão central para eles eram a baixa remuneração, a má alimentação e as restrições para usarem roupas civis e se casarem.

Conheci lá oficiais da Aeronáutica já demitidos, dirigentes e líderes sindicais do Partidão, militantes de cidades do interior do Rio, historiadores do Instituto Superior de Estudos Brasileiros, o Iseb, vinculado ao Ministério da Educação. Sim, historiadores jovens que então escreviam a coleção *História nova do Brasil*, com alguns pequenos volumes já publicados. Mas referências consideradas desairosas a Duque de Caxias, patrono do Exército brasileiro, puseram as forças repressivas no seu encalço.

Fiquei conhecendo também as famílias de muitos dos asilados, pois as visitas eram permitidas — impossível ficar indiferente ao sofrimento delas, com crianças pequenas e maridos, então desempregados, rumo ao desconhecido.

Amizades, dúvidas e apreensões

Paulo Alberto, tantas vezes mencionado neste livro, era uma figura admirável, com quem descobri ter grandes afinidades eletivas. Era imbatível para analisar o jeito e o caráter das pessoas, sempre com perspicácia e humor. Nunca alguém viria a me compreender tão bem. Dizia, divertindo-se, que eu revelava os sentimentos pelo olhar, do tédio à admiração. Transmitia-me energia positiva nos momentos bons e nos ruins.

Conhecia muito de música, sabia letras de canções do passado — chegávamos a disputar quem conhecia mais sobre Orlando Silva ou Ataulfo Alves. Foi ele quem me introduziu na música clássica e seus principais compositores. Era bom para discursos: quando, décadas depois, estivemos no Senado juntos, ele já conhecido como Artur da Távola, foi o melhor orador da legislatura. No seu primeiro mandato, de deputado estadual pela Guanabara, fora o líder do PTB, de oposição a Lacerda, o que tinha bastado para que a polícia lacerdista o perseguisse depois do golpe.

95

Amigo de compositores e intérpretes, Paulo Alberto recebeu na Embaixada a visita de Zé Keti, que então nos apresentou, em primeira mão, uma música que faria sucesso:

> Se alguém perguntar por mim,
> Diz que eu fui por aí,
> Levando o violão debaixo do braço.

Fui descobrindo também detalhes curiosos nas pessoas. O jornalista Rogério Monteiro pendurava seu pijama no cabide e passava-o a ferro, mantendo o vinco da calça absolutamente perfeito. Marcelo Cerqueira, comunista da zona sul do Rio e estudante em Niterói, distraía-se com um radinho de pilha ouvindo o "irrrrrmããããos!" do pregador Alziro Zarur, fundador da Legião Brasileira da Boa Vontade. Ele era fixado em Zarur, acho que pelo puro gosto de aprender a imitá-lo. Isso me tirava do sério, pois era obrigado a aguentar a pregação madrugada adentro, quando queria dormir, e de manhã cedo, quando queria continuar dormindo.

Durante todo o período da Embaixada, tive a assistência do advogado Evaristo de Moraes Filho, que me vinha ver com frequência, sem cobrar nada, e me ajudava a enfrentar as fantasias sobre o que fazer, inclusive algumas ideias loucas que ciclicamente surgiam. Sempre se opôs, por exemplo, a que eu deixasse a Embaixada sem ter um rumo definido e viável.

A cobertura pessoal e afetiva, generosa, vinha da mesma namorada, Yara, que eu encontrara nos jardins do Museu do Ipiranga pouco antes do golpe, e de um casal de amigos próximos, Tota e Maria Lúcia, que vinham com ela de São Paulo.

A liberalidade das visitas era tamanha que, num belo dia, apareceu um deputado estadual cassado de Santa Catarina, Paulo Stuart Wright. A sua cassação fora feita de forma especialmente covarde pelos próprios colegas da Assembleia Legislativa, sob a alegação de que ele comparecia às sessões sem gravata, o que feria o decoro parlamentar... Eu o conhecera durante o Conselho da UNE que fizéramos em Florianópolis, no começo de janeiro de 1964. Paulo dedicava-se a organizar cooperativas de pescadores, confrontando-se com as empresas da área. Investi muito no seu ingresso na AP, o que efetivamente veio a acontecer. Tornamo-nos amigos em poucas semanas.

Ele queria saber minha opinião sobre que rumo tomar. Para minha surpresa, sua hipótese era asilar-se na Embaixada do México, como via rápida para sair do Brasil e ir a Cuba, onde procuraria obter treinamento revolucionário. Mas sua decisão, disse-me, dependia de minha opinião. Falei-lhe: "Paulo, sinceramente? Treinar em Cuba? Não faz sentido. Você não é conhecido fora de Santa Catarina. Devia ficar no Brasil. Mude de estado, ajude a reorganizar a AP nacionalmente, a montar a resistência à ditadura. Vamos ver como as coisas evoluem. Dê um tempo."

No entanto, ele já estava decidido. Foi mesmo para o México e depois a Cuba, com um grupo de exilados. Mais tarde, voltou ao Brasil e se reintegrou à AP. Apesar do treinamento, não se convenceu da operacionalidade do "foquismo" cubano como estratégia revolucionária.

Durante um período, com o aumento de refugiados na Embaixada, alguns tinham de dormir no terraço coberto e na sala do adido militar boliviano, que gentilmente a oferecera para ser ocupada fora das horas do expediente.

O adido era um coronel de quarenta e tantos anos, gentil, baixa estatura, descendente de indígenas bolivianos, com cabelos espetados. Chamava-se Juan José Torres, e chegaria a ocupar a Presidência da Bolívia em 1970, num contragolpe. Formou então um gabinete, digamos, de centro-esquerda, entre tecnocrata e popular, e foi deposto depois de um ano.

Torres saiu, como entrara, pela força, mas com certa popularidade, o que poderia representar uma ameaça no contexto daquela tumultuada fase de seu país. Exilou-se em Buenos Aires, mas, em janeiro de 1976, foi sequestrado e morto, com a cumplicidade das ditaduras argentina, do general Rafael Videla, e boliviana, do coronel Hugo Banzer. Isso no esquema daquela Operação Condor, que existiu mesmo, não apenas no que se refere à cooperação entre as ditaduras do Cone Sul em matéria de informações, mas também na organização de sequestros, prisões e assassinatos.

Pela TV e pelos jornais fui acompanhando a institucionalização do que chamávamos de quartelada, à procura de dar-lhe um sentido. Desde o dia seguinte ao golpe, eu lia em detalhes tudo a que podia ter acesso. Na Embaixada, até recortava as notícias, fizera uma pasta, tomava notas.

Hoje é difícil avaliar a importância que tiveram aqueles colunistas do *Correio da Manhã*, jornal que não só apoiara como conclamara a nação a depor o presidente João Goulart nos dias anteriores ao golpe. Seus colaboradores, entretanto, estiveram à frente na reação contra as primeiras arbitrariedades e manifestações de estupidez do regime que começava a ser implantado. O primeiro artigo, ou crônica, foi de Carlos Heitor Cony, publicado no dia 2 de abril, uma pequena e deliciosa peça literária, desassombrada e corajosa, que mostrava, a partir de um episódio isolado a que assistira na véspera, em Copacabana, todo o ridículo da eclosão "revolucionária" de 1º de abril. Coisas ridículas não faltaram, sendo talvez a maior delas a invenção de que o governador Carlos Lacerda estava sendo atacado no Palácio Guanabara pelos fuzileiros navais, comandados pelo almirante Cândido Aragão. Lacerda dava entrevistas ao vivo para redes nacionais de rádio, simulando um combate que simplesmente não acontecia

Logo no início, as cassações de mandatos e direitos políticos por dez anos, bem como o Ato Institucional Nº 1, reforçaram meu pressentimento de que não se tratava de mais uma quartelada típica latino-americana, nem do regime transitório e "pessedizado" a que muitos aderiram por puro oportunismo, constrangimento de última hora ou ingenuidade: acreditavam que, expurgados Jango e o janguismo, tudo logo voltaria ao normal. Aliás, no dia seguinte ao Ato Institucional, outra crônica de Cony fez a desinibida análise do significado da medida: impotente para realizar alguma coisa à nação, o autodenominado Alto Comando Revolucionário optava pela tirania.

Trilhando esse caminho, parecia-me mínima a possibilidade de que os chefes militares mantivessem o cronograma de eleições em 1965, para presidente e governadores. Por isso mesmo, não me surpreendeu a campanha pela cassação do então senador Juscelino Kubitscheck, promovida dentro das Forças Armadas e instigada por Carlos Lacerda, que não o queria como rival na disputa presidencial do ano seguinte.

Rompendo o compromisso que assumira com Juscelino, que nele votara para presidente no colégio eleitoral do Congresso, o general-presidente Castelo Branco, sob pressão da linha dura militar, assinou a cassação do mandato de senador e a suspensão dos direitos políticos do ex-presidente em meados de junho, quando eu ainda estava na Embaixada. Em julho, Castelo Branco prorrogaria seu próprio mandato até 1967.

Como não torcia pelo "quanto pior, melhor", avaliei que a violência contra Juscelino representava uma grande derrota, pois consolidava o caminho do retrocesso democrático. Curiosamente, nos dias posteriores ao golpe, o próprio Juscelino facilitaria nosso asilo na Embaixada da Bolívia. Eu o havia conhecido logo depois de assumir a UNE, convidado para conversar na casa de um assessor dele. Encontrei-o mais duas vezes, no seu apartamento de Ipanema. Não preciso me alongar sobre a simpatia e o bom astral que inspirava

Na primeira conversa, além da curiosidade em conhecê-lo, eu tinha um objetivo: amenizar a ação do PSD contra nós na CPI da UNE, onde eu iria depor, pois o relator era daquele partido. No outro encontro, ele foi direto ao assunto que o obcecava:

— Então me diga: como vocês veem as eleições de 1965?

— O senhor sabe que a UNE não se engaja em campanhas eleitorais. Além disso, nosso mandato termina em julho do ano que vem...

— Mas qual é a sua avaliação sobre os candidatos?

— Temos um adversário claro: o Lacerda. Entre ele e o senhor, pode estar certo, com mandato ou sem mandato, vamos estar do seu lado. O mesmo vale se o seu adversário for o Adhemar de Barros.

— Eu creio que vocês preferem o Arraes.

— Com realismo, presidente, se o Arraes for candidato, vai atrair muitos estudantes.

— Serra, deixe-me dizer uma coisa: o Arraes é ótimo. Eu posso ser considerado bom. Mas, em política, nem sempre se consegue o que mais se deseja. O ótimo é inimigo do bom. Vocês querem o ótimo, vão deixar de lado o bom. No final, podemos ficar com o pior: Lacerda ou os militares.

— Não vou esquecer nunca essa sua ponderação... O senhor sempre foi democrata e tolerante. Industrializou o Brasil. Mudou nosso país. O problema foi a falta de reforma agrária e a expansão do capital estrangeiro. Isso mexe muito com o movimento estudantil.

— Não dá para fazer tudo de uma vez. Mas vamos adiante na agricultura. Reforma agrária com aumento da produção, senão não adianta nada. Nós vamos ocupar o interior do Brasil, o centro-oeste inteiro.

Na terceira conversa, eu fui logo ao ponto:

— Presidente, a UNE Volante vai sair no mês que vem por todo o Brasil. São dezenas de participantes, artistas do CPC. Precisamos de passagens de cortesia. O senhor é amigo do Ruben Berta, da Varig. Poderia pedir a ele que nos ajude?

— Claro, vou escrever um bilhete. Você leva a ele pessoalmente.

Escreveu uma carta à mão, com caneta tinteiro e num papel timbrado com seu nome, pôs num envelope aberto e me entregou. O bilhete não era apenas de apresentação. Falava diretamente das passagens. Estávamos em meados de março de 64. Não tive tempo de procurar Berta. Essa carta ficou entre papéis que guardei não sei onde, dentro de uma pasta. Depois do golpe, eu só pensava que, se a encontrassem, o bilhete apressaria a cassação de quem procurara nos ajudar.

A viagem

Aquela quinta-feira, 2 de julho, foi estranha e melancólica. Às 17 horas, saí afinal da Embaixada da Bolívia, no Rio, o apartamento onde passara oitenta dias refugiado. Estranhei a movimentação das ruas, a luminosidade da paisagem e a vastidão do mar. O carro que me levou corria de maneira alucinante, provocando-me um princípio de vertigem. O aeroporto estava cheio de gente e o burburinho era constante, apesar do movimento relativamente pequeno. Mas eram impressões falsas. O carro não corria nem o aeroporto estava lotado. Meus sentidos é que tentavam se adaptar à passagem abrupta das semanas de confinamento para a vida livre, para a liberdade.

Não era bem a liberdade. Guido Soares, um jovem secretário do Itamaraty, acompanhava-me, levando na pasta meu salvo-conduto. Ele iria comigo a São Paulo, onde nos hospedaríamos num hotel em frente ao aeroporto de Congonhas. No dia seguinte, o diplomata me embarcaria no voo matutino do Lóide Aéreo Nacional boliviano, rumo a La Paz.

A companhia dele foi tranquilizadora. Durante a ponte aérea, num Convair da Cruzeiro do Sul, perguntei-lhe se não estávamos sendo seguidos. Ele achava que não, mas não via maiores problemas. Assegurou-me que eu estava sob proteção diplomática, em trânsito, com salvo-conduto, e não devia me preocupar. Mais: abriu a possibilidade de vermos minha família em São Paulo. Escolhemos um restaurante ao lado do hotel para o encontro.

Dei-me conta de que Guido Soares não era, definitivamente, um agente da ditadura. Formado em direito, tinha sido da JUC, era pianista e organista das missas da Igreja do Largo São Bento, em São Paulo. Acabaria, anos depois, deixando a carreira diplomática, em razão de perseguições e armadilhas sórdidas montadas pela Gestapo itamaratiana, a Assessoria de Documentação de Política Exterior (Adoc), um sistema de inteligência criado sigilosamente pela cúpula do Ministério das Relações Exteriores para monitorar opositores da ditadura. Posteriormente, Guido se tornaria professor titular de Direito Público Internacional da Faculdade do Largo de São Francisco.

As noites de quinta-feira são geralmente de alegria. O fim de semana está chegando, o intervalo vai começar já na sexta à tarde, e o ânimo muda para melhor. Mas aquela noite fria de inverno paulistano foi especialmente infeliz. Revi meus pais, avós e tios num restaurante acanhado, feio e mal-iluminado, de comida insossa. Eram pessoas simples, marcadas pela imigração, que queriam se adaptar. Viviam para o trabalho e a família, sem se importar com o cotidiano da política. Nem sabiam direito a diferença entre asilo e exílio. Não compreendiam por que eu deveria deixar o Brasil às pressas, entre fugido e expulso.

Se a compreensão era pouca, a reclamação foi nenhuma e a solidariedade, total. Nada de angústia, só afeto, que se manifestava na forma de uma tristeza imensa. Os ruídos altos e alegres de nossos encontros familiares — de têmpera peninsular, pontuados por gargalhadas e gritos — deram lugar a um silêncio lúgubre, semblantes pálidos e indagações mudas.

Afinal, o que estava acontecendo? O que ocorrera com o filho único, o neto varão, o bom aluno, o orgulho das tias, exemplo para os primos, destinado a obter o primeiro diploma universitário da família, ganhar bem, garantir a velhice dos pais e de quem mais precisasse? O que seria de mim, que nunca tinha viajado ao exterior, perdido no mundo? Quando me veriam de novo? Toda explicação sociológica, histórica e política, elementos de minha militância, perdia sentido ante a dor dos meus maiores.

Em termos práticos, recebi US$ 1 mil, somadas as contribuições de meus pais, meu avô e minhas tias. Era o *endowment*, a dotação, para o exílio. Não tínhamos ideia se era muito ou pouco para a vida lá fora, mas, para eles, a cifra tinha ares de tesouro.

Também ganhei um suéter grosso, de lã, que minha mãe tricotara, uma japona emprestada por um amigo e o relógio de pulso de meu pai, grande e folheado a ouro. Era o que tinha de mais valioso, quase um tesouro. Apesar da vida modesta, ele fazia o possível para manter três luxos: o relógio, com que generosamente me presenteara como reserva de valor, dois pares de sapatos marrons impecavelmente engraxados e uma caneta Parker 51, com tampa também folheada a ouro. Essa caneta-tinteiro, até hoje insuperável, é preciosa na estética e na eficiência. É algo que não existe: joia com valor de uso.

Nunca precisei de muitos pretextos para não pegar no sono, e menos ainda naquela noite estranha. A escuridão do quarto desconhecido era como uma antevisão de meu futuro. A manhã finalmente chegou. No aeroporto, veio-me o impulso de entrar num táxi e esconder-me em algum lugar da cidade. Estive a ponto de fazê-lo. Cheguei a ir até a calçada. Mas voltei para o saguão. Aonde iria? E se estivesse sendo seguido? E Guido Soares, que certamente seria punido?

Recebi o recado de que o Franco Montoro, deputado federal pelo Partido Democrata Cristão (PDC), ex-ministro do Trabalho do governo parlamentarista, queria falar comigo. Eu o conhecia pouco. Ele era do grupo moderado do PDC e minha relação mais próxima era com a esquerda do partido, liderada por Paulo de Tarso Santos e Plínio de Arruda Sampaio.

Com a cumplicidade do diplomata, consegui ligar para ele de uma cabine telefônica. Montoro queria expressar solidariedade. Ficou surpreso, naturalmente, quando lhe perguntei se devia escapar do aeroporto. Acabou me desaconselhando, com seu jeito suave e realista, ao mesmo tempo que manifestava certo otimismo. "Você avalia, pois é muito arriscado" — disse-me. "Mas, se viajar, tenho certeza de que vai voltar logo. As coisas por aqui não podem continuar desse modo. E olha, conte sempre comigo."

Tampouco dormi durante o voo, apesar de fatigado, exaurido. Minha mente girava entre a esperança de que tudo aquilo acabasse logo e a intuição de que duraria uma eternidade. Para distrair-me, terminei de ler *As sandálias do pescador*, romance de Morris West. Escritor americano que passara anos num mosteiro, mas não chegara a se ordenar, West era o *dernier cri* em sucessos editoriais com temática vaticana. Talvez porque estivesse completamente alheio às minhas inquietações, o romance me tirou da realidade um par de horas.

Fuzil ao lado da cama

Alguns dos asilados veteranos me aguardavam no pequeno aeroporto de La Paz, a 4 mil metros de altura. O ar era seco, o céu estava absolutamente limpo, de um anil que nunca vira, e soprava um vento frio. Fui separado dos que me aguardavam e levado para a cidade no sacolejante jipe da polícia, sentado num dos bancos de trás, de costas para uma janela lateral. Tentei puxar conversa com os policiais, queria criar uma situação de normalidade. Eles nada responderam.

Inesquecível até hoje é o fortíssimo odor de cera fresca e viscosa daquele prédio da polícia, inteiramente vazio. Subimos três andares pela escada recém-encerada. O cheiro enjoativo, bem apropriado para um exilado numa delegacia obscura, aumentava. Depois de alguma demora, fui fichado — impressões digitais, fotos de frente e perfil — e despachado para um hotel onde moravam expatriados brasileiros.

Para minha felicidade, havia vaga no quarto de Paulo Alberto, a melhor companhia possível naqueles momentos. Diante dele, eu não ocultava angústias e fantasias. O hotel, antigo e asseado, tinha pé-direito alto e banheiro no corredor, e não contava com aquecimento. No primeiro dia, desconsiderando a advertência do amigo, não dei importância para os 3.700 metros de altura de La Paz. Andei sem parar e logo tive náuseas, dor de cabeça e fadiga, tudo devido ao ar rarefeito. Fiquei de cama, tomando chá de coca.

Dois dias depois, já estava concentrado na luta pela obtenção de documentos. O primeiro alvo foi a Embaixada do Brasil. Não lembro quem era o gentil embaixador que me recebeu. Ele explicou que não tinha como dar-me um passaporte, pois o Itamaraty proibira. Tive consciência nesse momento de que minha crise de identidade não seria aquela típica dos jovens que saem da adolescência, mas sim uma mais objetiva, a da falta de documentos de identificação. Teria de enfrentar o mundo sem papéis e profissão.

Tentei, em seguida, um salvo-conduto boliviano. Paulo Alberto apresentou-me um senhor baixinho e maneiroso, *Don* Cornejo. O burocrata preparou uma reles folha de papel tamanho ofício, com foto, mas sem carimbo ou dados sobre mim. Não inspirava muito respeito. O cabeçalho, contudo, assegurava que era mesmo um salvo-conduto. Passei a atazanar o cônsul francês para que estampasse um visto em cima do documento boliviano. Isso me permitiria viajar para a França.

Vários outros exilados tentavam a mesma coisa, mas o cônsul resistia com justificativas pacientes e cartesianas.

Por fortuna, conheci um sobrinho do presidente boliviano, Víctor Paz Estenssoro. Chamava-se Gustavo, fizera curso universitário em Paris e era amigo dos diplomatas franceses em La Paz. Tinha duas coisas impensáveis: fotos coloridas de suas namoradas parisienses em poses lascivas e um fuzil carregado. Dormia com a arma perto do travesseiro, pronto para reagir a algum ataque noturno.

Eu tinha em mãos um convite assinado pelo padre Lebret, oferecendo-me matrícula e bolsa no Irfed, o Institute International de Recherche, et de Formation en vue du Développement Harmonisé. Gustavo, um homem generoso, alguém que nunca vira antes, nem nunca revi depois, pressionou os diplomatas franceses. O cartesiano cedeu e finalmente obtive o visto.

O fuzil do lado da cama de Gustavo me impressionou. O motivo prosaico é que jamais vira um de perto. A razão mais forte foi a percepção de como era precária a estabilidade política da Bolívia. Seu tio, um preparadíssimo homem público, dublê de economista e advogado, fora um dos líderes da revolução boliviana de 1952, a mais profunda da América do Sul.

Autêntico movimento de massas, a revolução criara a Confederación Obrera Boliviana, refizera as Forças Armadas, promovera a reforma agrária, expropriara as minas de estanho e instituíra o voto universal. Também avançara na exploração de petróleo, expandira a fronteira agrícola, diversificara as exportações, dera início a um sistema de seguridade social e, nos apertados limites do possível, modernizara a máquina administrativa. Fora uma insurreição nitidamente socializante, mas que ocorrera à margem dos comunistas bolivianos. Tanto que o setor mais forte dos trabalhadores, o dos mineiros, era dirigido por uma organização trotskista, o Partido Obrero Revolucionario.

Paz Estenssoro governara por quatro anos, fizera seu sucessor e elegera-se novamente em 1960. Mesmo assim, a economia da Bolívia mantinha-se frágil. De um lado, havia inflação renitente, baixa produtividade agrícola e exploração pouco eficiente das minas, além do declínio dos preços do principal item de exportação, o estanho. De outro, a pressão política norte-americana e a reorganização das oligarquias, que enfrentavam os sindicatos politizados, mas com pouco peso numa população majoritariamente camponesa, indígena ou desempregada.

A Bolívia era a nação mais pobre da América do Sul. Para piorar, na primeira metade dos anos 30, o país perdera a maior parte do território que disputou com o Paraguai na Guerra do Chaco, conflito militar devastador para ambas as partes. No final do século XIX, já havia perdido para o Chile, na Guerra do Pacífico, sua saída para o mar e o porto de Antofagasta. Depois, tivera que ceder o Acre para o Brasil, a preço módico.

Mesmo assim, no segundo governo de Paz Estenssoro, a conjuntura econômica estava razoável — crescimento de 20% em quatro anos e inflação alta, mas não descontrolada. O presidente era competente e forte. Mas, dentro do que viria a firmar-se como tradição latino-americana, fez aprovar emenda constitucional permitindo a reeleição. Isso poderia até ser bom para o país, pois não havia sucessor à altura. No entanto, criou-se, ou ampliou-se, a tensão política, abrindo o caminho para um final infeliz.

Para calçar-se, Paz acomodou um general, René Barrientos, que lhe jurava fidelidade, como candidato a vice. Era uma tentativa de compor-se com as Forças Armadas, que tanto ele quanto a oposição cortejavam. Envolver militares na política para enfrentar adversários civis: qualquer semelhança com Brasil, Argentina e Peru da época não era mera coincidência. Mas a reeleição do presidente boliviano pareceu tranquila. As coisas pareciam sob controle.

Os exilados brasileiros eram bem tratados pelo governo. Na data de comemoração da Independência, 6 de agosto, de paletó e gravata, eles desfilaram sorridentes pela Plaza Murillo, carregando a bandeira boliviana e passando na frente do palácio presidencial de Los Quemados. Assistimos à marcha do Exército boliviano, que, no estilo, parecia ter sido treinado por instrutores da Wehrmacht.

O inimigo, que animava cartazes e alto-falantes no desfile de 1964, era o Chile, com quem Paz Estenssoro acabara de romper relações diplomáticas, por questões relacionadas com *la salida al mar*. A sensação que me passou é de que se preparava uma guerra. Na verdade, tratava-se de elevar um sentimento de união nacional patriótica, mais do que de empreender uma ação contra as Forças Armadas chilenas, as mais fortes da América Latina.

O nosso intermediário com o presidente era o deputado cassado Neiva Moreira, já mencionado, integrante da Frente Parlamentar Nacionalista, próximo de Leonel Brizola. Ele fora do Partido Social Progressista (PSP), e, nos anos 50, administrara a fuga de Adhemar de Barros para a Bolívia, a fim de evitar sua prisão, por causa de um curioso processo que lhe movia Jânio Quadros, então governador de São Paulo. Neiva negociara o asilo do ex-governador paulista com o governo boliviano e, nessa ocasião, tornara-se amigo de Paz Estenssoro.

Foi com Neiva Moreira e dois jornalistas mineiros — Carlos Olavo da Cunha e José Maria Rabello — que fui morar num andar alugado de uma parenta do presidente. Rabello fora o fundador do jornal *O Binômio*, de Minas Gerais, um sucesso de imprensa alternativa. Em 1961, esmurrou um general que o interpelara na sede da publicação. Ganhou a luta livre, enquanto o jornal era empastelado. Por isso mesmo, virou alvo preferencial da repressão depois do golpe e foi empastelado de novo.

Nessa casa, chegou um dia o jornalista Mauro Santayana, vindo de Montevidéu como emissário de Brizola, que lá estava exilado.

Procurava Neiva Moreira, mas trazia também uma sondagem do ex-governador gaúcho para que me transferisse à capital uruguaia e participasse da criação de um dos focos de luta armada contra a ditadura, que estavam sendo planejados não sei onde. Eu não apresentava objeções de princípio à luta armada, mas não acreditava na possibilidade de que fosse bem-sucedida. Disse isso a Santayana.

Foi nessa casa também que me recuperei do único pileque que tive na vida. Como sempre acordava em cima da hora, e de humor abaixo da média, não tomava café da manhã. Assim, cheguei em jejum, num domingo, à festinha de aniversário de Marcelo Cerqueira, na casa de sua namorada boliviana. O almoço demorava, a música era barulhenta e todos dançavam, inclusive eu. Serviam fartamente uma bebida de cor agradável, que me lembrava limonada. Mas era *pisco sour*, o coquetel feito com a aguardente andina, suco de limão e açúcar. Bebi como se fosse refresco. Logo senti falta de ar e parei de dançar. Saí para respirar — pretensão exagerada diante da atmosfera rarefeita — e desmaiei. Acordei numa cama, cercado por todos. Segundo me contaram depois, eu só falava espanhol. Sempre fora fluente no idioma, pois a avó argentina que me criara nunca chegou a falar português. Talvez meu subconsciente quisesse contar vantagem a respeito.

Em La Paz, aprendi que exílio não é a ausência do país, estar longe de casa. É falta de documentos e impossibilidade de voltar. Cruzava com brasileiros em férias, fazia amizades e, na hora de me despedir, sentia a diferença. Eles nem pareciam particularmente felizes por isso, mas tinham passaporte, tomariam o avião de volta, chegariam às suas cidades e retomariam sua rotina de vida no ambiente que conheciam, confortável e previsível, cercados de amigos, colegas, familiares. Leriam jornais, ouviriam rádio, veriam televisão, assistiriam a seus times jogarem. E eu continuaria no estrangeiro, sem nada daquilo.

Víctor Paz Estenssoro foi deposto pelo general René Barrientos, seu vice, pouco tempo depois da posse, em novembro de 1964. A essa altura, eu não estava mais em La Paz. Foi o golpe mais traiçoeiro, vapt-vupt e carente de pretextos daquela temporada ditatorial da América Latina. E sequer havia uma força de esquerda capaz de pregar sustos. Ao contrário, alguns sindicatos e grêmios estudantis se aliaram aos militares para derrubar o presidente. Os trotskistas bolivianos se dividiram. Um de seus dirigentes, Juan Lechín, apoiou o golpe, e foi em seguida perseguido e exilado. Já outro líder trotskista, Guillermo Lora, combateu tanto Barrientos quanto o golpe e foi caçado implacavelmente por uns e outros. Boa parte das conquistas da revolução de 1952 foram sepultadas. O trotskismo, como força política de massa — que só existia no Ceilão — sofria um golpe profundo na América Latina.

Barrientos, como se desconfiava e se confirmou anos depois, era diretamente ligado à CIA. A quartelada foi apoiada pelos Estados Unidos, no contexto da Guerra Fria e da suposta ameaça cubana, e, naturalmente, também pelo governo militar brasileiro. A interferência externa não dá conta da explicação do golpe nem no Brasil nem no Chile, mas, no caso da Bolívia, foi determinante. Foi durante o governo de Barrientos que Che Guevara organizou a desventurada guerrilha que o levou à morte.

Eu deixara a Bolívia em meados de agosto, rumo à França, graças ao salvo-conduto de *Don* Cornejo e ao visto obtido com a ajuda de Gustavo. Ficara em La Paz quarenta dias. Sempre tive fascínio por inteirar-me de coisas novas, singulares, atributo que se mantém forte até hoje. Com pouco mais de 22 anos, e apesar da ansiedade que decorria das incertezas sobre meu destino, vivera seis semanas intensas em La Paz. Registrei como um mata-borrão tudo o que se passara em torno.

No pinga-pinga com os Beatles

A passagem a Paris custou perto de US$ 600, ou 60% do dinheiro que trouxera do Brasil. Levei US$ 200 no bolso. O avião da Iberia-KLM saía de Lima, de modo que passei lá um dia e uma noite. Um casal de exilados brasileiros me recebeu com afeto, conheci a cidade, participei de um coquetel e conversei longamente com o último ministro da Justiça de João Goulart, o paraibano Abelardo Jurema, refugiado no Peru, com quem tinha relações cordiais.

Era um homem do PSD, de cabeça ágil e essencialmente conservador, e que, no entanto, radicalizara-se como ministro de Jango. Jurema participara da articulação de medidas que, embora ineficazes, assustaram os adversários: o congelamento de aluguéis, em plena superinflação, e a criação de um Comissariado de Defesa da Economia Popular, nome soviético para uma secretaria de fiscalização de preços.

Manteve intacta, no exílio, a fidelidade a Jango. Só voltou ao Brasil dez anos depois, e, com a anistia, filiou-se ao Partido Democrático Social (PDS), sucessor da Arena.

Jurema comemorou que eu tivesse saído do Brasil. "Desde antes do golpe os militares queriam te pegar" — disse. Adicionou que o senador maranhense Vitorino Freire, do PSD como ele, mas golpista de primeira hora, em visita a Lima semanas antes, falara-lhe, a troco de nada, que "os generais estão atrás do Serra". Que Jurema repetisse o que me contara o próprio Jango não era surpresa. Mas a informação de

Freire era especialmente significativa, pois eu não o conhecia nem era tão importante para ser mencionado na conversa de dois pessedistas de outra geração.

O voo para a Europa era do gênero pinga-pinga, com direito a paradas em Bogotá, Caracas e mais um par de lugares do Caribe, antes de cruzar o Atlântico. Em algum trecho identifiquei uns rapazes cabeludos da minha idade, com jeito e roupa de artista. A aeromoça me disse que eram os Beatles. Estavam cansados, barbas crescidas, e cochilavam. Na adolescência, eu gostava de rock e baladas. Chegava a cantarolar em inglês um ou outro. Com a militância política e a pregação cultural anti-imperialista da esquerda, passei a ignorar o rock. Os Beatles surgiram nessa fase. Por isso, mal conhecia suas músicas e mal distinguia quem era quem na banda. Poucos meses depois, eu me tornaria um especialista neles.

Em Madri, houve descida obrigatória do avião, o que não esperava, pois a parada final era em Amsterdã. A Espanha era governada pelo general Francisco Franco, *caudillo de España por la gracia de Dios*, fina flor da direita autoritária em escala mundial. Era um personagem por quem tinha horror, a ponto de saber cantar (até hoje) os hinos do Exército republicano que ele derrotara. Na Mooca, em São Paulo, desde criança convivera com os refugiados da Guerra Civil Espanhola. Concordava e repetia os adjetivos que eles dedicavam ao chefe fascista.

Além disso, meu pai não gostava de Franco por um motivo heterodoxo: Mussolini havia ajudado pesadamente o Exército dele durante a Guerra Civil, mas o caudilho espanhol não ficara do lado da Itália na guerra posterior, a mundial. Como entendi já adolescente, essa fora, na verdade, uma atitude sábia de Franco. A Espanha estava exaurida, não tinha fôlego nem apoio interno para entrar noutra guerra. E ainda mais ao lado da Itália, que começara a guerra levando surras na Grécia e na Iugoslávia.

Comecei a descer da escada do avião em Madri com certo receio. Paranoia, pensei, para acalmar-me. Mas de repente alguém tirou uma foto minha, e só minha, enquanto descia. Fui para a sala dos passageiros em trânsito com o coração na mão. Nada aconteceu e logo devolvi o coração ao devido lugar. Devia ser somente um registro a ser repassado à ditadura amiga.

CAPÍTULO IV
O Brasil, desde longe

Bastava o fato de ter recebido o visto num documento tão precário para que me sentisse mais seguro na França. Outros fatores contribuíam para a sensação. O primeiro, minha admiração pelo presidente Charles de Gaulle, herói que organizara e comandara a resistência francesa contra o nazismo e chefiara o governo no imediato pós-guerra. Chamado de volta doze anos depois como primeiro-ministro, e elegendo-se presidente, impulsionou uma reforma política e a modernização da economia, e promoveu de maneira corajosa o fim do colonialismo francês na Argélia.

Apesar do enfrentamento com os grupos terroristas de extrema direita, que se opunham à descolonização, a era De Gaulle foi de prosperidade econômica, afirmação nacional e avanço do bem-estar social. A política externa tornou-se mais independente dos Estados Unidos em matéria militar, econômica e política. A França foi a primeira potência ocidental a estabelecer relações diplomáticas com a China, já em 1964.

Mais ainda, era gratificante estar num país onde o ministro da Cultura era André Malraux, autor de um livro que tanto me motivara para a militância política, *A condição humana*. Verdadeira obra-prima, combina heroísmo, engajamento e história; na obra, os homens contam, a vida tem sentido, o mundo pode ser melhorado. É um livro estranho ao mundo atual, rarefeito em utopias, engajamento e solidariedade.

Malraux foi um dos maiores intelectuais do século XX, e, ao mesmo tempo, um combatente de grandes causas. Lutara, como piloto, com os republicanos na Guerra Civil Espanhola, fora soldado contra Hitler e *maquis* (guerrilheiro da resistência) durante a ocupação nazista. No Ministério da Cultura, teve uma iniciativa óbvia, mas contra a qual todos resistiam: a limpeza da fuligem secular acumulada nos prédios, palácios e monumentos de Paris. Acreditava-se, romanticamente, que a cidade era recoberta pela pátina do tempo. Não: o preto e o cinza vinham de resíduos industriais, poluição, sujeira

Com esse estado de espírito, desembarquei no aeroporto de Orly. Tomei um ônibus até o Quartier Latin e procurei o Hotel Du Levant, na Rue de la Harpe, onde, disseram-me, brasileiros exilados costumavam se hospedar. Mas não havia nenhum naqueles dias e eu simplesmente não tinha contatos em Paris. O Irfed, onde iria estudar, estava fechado em virtude das férias de agosto. Por incrível que pareça, na recepção do hotel, consegui o telefone de um artista brasileiro que estava na cidade: Di Cavalcanti, o pintor.

Através dele, obtive o precioso número de telefone de Violeta, irmã de Miguel Arraes, que morava em Paris com o marido francês, Pierre Gervaiseau, e três filhos pequenos. Eram católicos de esquerda, ligados ao Partido Socialista, amigos de franceses que lutaram na resistência à ocupação nazista. O círculo de Violeta e Pierre, que vim a conhecer, era de pessoas cultas, solidárias e, para os meus padrões, sofisticadas (além de fumantes crônicos).

Para hospedagem provisória, eles me encaminharam a um apartamento de judeus franceses que estavam de férias, perto do Bois de Boulogne. Lá estavam também Marcos Lins e a mulher, Fátima, recém-casados. Lins era pernambucano, fora da Juventude Universitária Católica, vice-presidente da UNE, funcionário da Superintendência de Desenvolvimento do Nordeste, a Sudene, e chefe de gabinete do prefeito de Recife, cassado depois do golpe.

Era uma bela figura humana. Com ajuda dele, concentrei-me na obtenção da preciosa *carte de séjour* — o visto de moradia francês — e de um lugar para morar. Consegui um quarto com rapidez, em uma moradia de estudantes, um *foyer* na Rue de la Victoire, no 9º *arrondissement*. Tive a sorte de dividir o quarto com um gaúcho, Carlos Aumond, companhia amena e inteligente.

Minha bolsa no Irfed era de 600 francos mensais, valor equivalente a US$ 120 da época, o necessário para viver de forma regrada, não tivesse chegado a Paris com quase nada no bolso, só começando a receber no final de outubro. Meu principal financiador foi Vinícius Caldeira Brandt, que enviáramos à Europa, às vésperas do golpe, para representar a UNE num encontro internacional. Ele acabou permanecendo em Paris, no Centro de Sociologia do Trabalho, dirigido por Alain Touraine.

Minha primeira bolsa, que chegou em outubro, equivalia ao montante que já lhe devia. Vi-me no constrangimento de ter de rolar uma parte da dívida. O mal-estar era todo meu, porque o credor não cobrava nem tocava no assunto. Só em dezembro consegui saldar o empréstimo.

Eu vivia de sanduíches, comprados no balcão do café ao lado do *foyer* ou feitos por mim mesmo e escondidos no quarto. Com razão, era proibido armazenar comida porque o prédio era frequentado por camundongos. Restaurantes, só os universitários, com comida nutritiva, mas ruim para o estômago, meu órgão mais vulnerável desde a primeira infância. A exceção eram os almoços na casa dos Gervaiseau. Ou então quando era convidado por alguém como o ex-deputado Bocayuva Cunha, líder de Jango na Câmara, ou Samuel Wainer, criador e dono da *Última Hora*. Ambos gente finíssima, estavam exilados e moravam num pequeno hotel na margem esquerda do Sena.

Na casa de Violeta, conheci Danuza Leão, que morava em Paris com os filhos de seu casamento com Wainer. Alta, com os olhos verdes, espirituosa e de gestos suaves, Danuza me encantava. Na sua autobiografia, ela relata o começo de uma amizade que dura até hoje. Escassa de convivência, a amizade atravessou décadas, cidades e países em que vivemos apartados. Mas não só existe como foi sempre enriquecedora.

Um dos meus melhores almoços foi um *coq au vin*, prato que desconhecia, em Montmartre, com o casal Eunice e Rubens Paiva, que foi seguido de um passeio pelas ruas do bairro. Foi a última vez que vi Paiva. Cinco anos depois, ele seria preso e torturado até a morte. Para mim, ele era o amigo Rubens, o empresário nacionalista, o combativo deputado do PTB ligado a Almino Affonso, um homem alegre e de bem com a vida. Quando presidi a UEE de São Paulo, era Rubens Paiva quem pagava as despesas de telefone da entidade, e Fernando Gasparian, que ele me apresentou, o aluguel da pequena sede.

Antes de nos despedirmos, ele foi enfático: "Zé, aproveita Paris, estuda, vá aos museus, se prepare para o futuro. Deixa de lado essa ideia de voltar logo ao Brasil. Você tem tempo. E as coisas lá não vão andar depressa."

Em Paris, com Cuba

Havia um grupo da AP em Paris — estudantes que estavam lá na época do golpe e me acolheram com afeto. Afora os encontros sociais e as ações de apoio mútuo, discutíamos a conjuntura política no Brasil e o futuro da AP. Com o passar do tempo, as posições ficaram cada vez mais extremadas. Crescia a indignação e a impaciência dos que estavam longe do Brasil durante o golpe. A cobrança tornou-se pessoal, como se pudéssemos ter barrado a ditadura. Eu ouvia: "Como vocês deixaram isso acontecer?"

Também estudávamos marxismo. A moda era Louis Althusser, com sua teoria sobre os aparatos ideológicos do Estado e a clivagem entre os escritos do jovem Marx e os da maturidade. Althusser analisava interminavelmente as relações entre humanismo e ciência, e temperava sua abordagem com alusões crípticas à política do Partido Comunista Francês, ao qual pertencia. Isso me interessava marginalmente. Eu queria conhecer melhor os textos básicos do marxismo.

A forma do *Manifesto comunista* chamou-me a atenção pelo arrebatamento, a confluência de análise e exortação. Também me impressionou pela concisão e capacidade de persuasão um pequeno livro de Engels, *Do socialismo utópico ao socialismo científico*, em que diferencia o comunismo "científico" de Marx dos modelos "idealistas" de Fourier, Owen e Saint-Simon. Entre encantado e cético, lia sobre o advento inevitável do socialismo, cabendo aos militantes comunistas, no contexto da luta de classes, abreviar sua chegada, inscrita na contradição entre o desenvolvimento das forças produtivas e o aprisionamento das relações capitalistas de produção. A superestrutura política e ideológica? Mera cobertura do edifício capitalista, destinada a desabar junto com ele.

A grande influência política sobre os estudantes brasileiros e latino-americanos exilados, porém, não estava na teoria. Vinha da Revolução Cubana e de um jovem jornalista francês chamado Regis Debray, que transitava em Cuba e era amigo de Fidel Castro e de Che Guevara. Já circulava a cópia de um artigo que viria a publicar no *Temps Modernes*, revista de Jean-Paul Sartre e Simone de Beauvoir, cujo título falava por si: "Le castrisme, la longue marche de l'Amerique Latine" — em tradução livre, "O castrismo, a longa marcha da América Latina".

Esse texto, em essência, partia da ideia de que os partidos comunistas da América Latina serviam mais à União Soviética do que à revolução. Tinham sido criados de fora para dentro, com essa finalidade. Debray defendia a estratégia de replicar a Revolução Chinesa na região, do campo para a cidade, com a chispa do "foco" guerrilheiro no estilo cubano, em vez da guerra popular prolongada maoista. Haviam sido poucas dezenas de homens os que viajaram no barco Granma do México a Cuba, conseguindo embrenhar-se na Sierra Maestra. O foco aceso por um pequeno grupo de combatentes desencadeara o incêndio da revolução. Em pouco mais de dois anos, tomariam o poder. Entre os guerrilheiros, estava o argentino Ernesto Guevara, que nunca pisara antes na ilha. E, como já havia dito Fidel Castro, na primeira *boutade* do messianismo que emergiria da Revolução Cubana, a ideia era transformar a Cordilheira dos Andes na Sierra Maestra latino americana. Só faltou acrescentar aos Andes a Serra do Mar e a da Mantiqueira...

No enorme auditório da Mutualité, com o plenário cheio, assisti a um debate vibrante entre Mario Vargas Llosa, um escritor promissor, esquerdista e cubanófilo, Josué de Castro, médico brasileiro mundialmente conhecido por seus escritos sobre a fome, reunidos no livro *Geografia da fome e geopolítica da fome*, devidamente cassado pelo regime militar, e Claude Julien, jornalista do *Le Monde*. Este eu conhecera logo ao chegar, e lhe passava informações para reportagens e artigos que escrevia sobre o Brasil, sempre críticos do golpe de 1º de abril, posição que correspondia à do jornal.

A tese dominante na mesa de debatedores era a de que a América Latina vivia uma situação pré-revolucionária, e que o caminho cubano da luta armada era a opção mais plausível — inclusive no Brasil, dizia Julien, no seu estilo moderado e didático. Retomava-se o dilema que a esquerda criara no Brasil: reforma ou revolução. Já que o imperialismo e a burguesia atrasada tinham bloqueado a primeira, só restava a segunda. A "culpa" da revolução era da burguesia.

Havia outro componente crucial da pregação de Fidel e dos escritos de Debray: a convocação ao engajamento imediato, a exigência moral da coerência entre a convicção e a prática, que depois viria a ser sintetizada na consigna fidelista de que *el deber de todo revolucionario es hacer la revolución*. O foquismo à la cubana não exigia um exército, mas poucas dúzias de pessoas, ao menos no início dos combates.

Naqueles tempos de Paris, ficou claro para mim que uma parte da esquerda brasileira, incluindo cristãos, entraria de alguma forma no projeto castrista. Não fora esse o desejo de Paulo Wright? Até ele, cujo perfil era avesso ao do guerrilheiro?

O principal efeito político da Revolução Cubana foi a crença que despertou, tanto na esquerda quanto na direita, de que a revolução libertária e socialista tinha um potencial enorme para eclodir já nos anos 60.

As ideias que cercavam as teses castristas não me convenciam. Considerava-as impressionistas e reducionistas, muito distantes mesmo do marxismo. Achava que misturavam romantismo e "vontade de fazer algo", apesar de calcadas num fato histórico real, a Revolução Cubana. Eu também pensava que a experiência de Cuba não poderia ser transplantada mecanicamente para países tão diferentes como Brasil e Argentina. Os líderes dos focos guerrilheiros criados sob o estímulo cubano dessa época, entre 1964 e 67, foram rapidamente liquidados: padre Camilo Torres, na Colômbia, Luis de la Puente Uceda, no Peru, e o próprio Che Guevara, na Bolívia, cujo fracasso tirou fôlego do messianismo cubano.

Na cama, com Celso Furtado e Lenin

Em 1964, em Paris, eu chegara por caminhos próprios às minhas conclusões sobre a estratégia cubana. Mas eram incompletas: sentia-me incapaz de fazer uma avaliação coerente da situação brasileira e latino-americana.

Resolvi dedicar-me a estudar e compreender o que se passava. Começaria pela economia e o esforço para entender o que fosse possível de política econômica e planejamento. Intuía a importância da base material na vida de pessoas, povos e países. Sabia, por experiência própria, que a inflação de 100% ao ano, os problemas do balanço de pagamentos, o desenvolvimento social desequilibrado, a perplexidade do governo Jango diante das dificuldades econômicas e as bobagens que dizíamos sobre essas matérias tinham contribuído de forma decisiva para a radicalização do processo político brasileiro e a derrocada da democracia.

O marxismo e o foquismo não permaneceram, pois, no primeiro plano de minhas preocupações. No quarto do *foyer*, sobre a colcha de cama verde, limpa e puída, mergulhei na leitura de artigos e livros de economia. Somente de Celso Furtado li e anotei quatro volumes: *Formação econômica do Brasil*, *Desenvolvimento e subdesenvolvimento* (para mim, até hoje, o melhor de todos), *Dialética do desenvolvimento* e a *pré-revolução brasileira* ou *Le Brésil a l'heure du choix*, na edição francesa. Eu lera este último em 1962 e compartilhara a crítica de que se tratava de um programa reformista para modernizar o capitalismo, sendo por isso abominável. Em Paris, li-o com outros olhos.

Tive outras leituras que me seriam proveitosas. É o caso do livro de Paul Samuelson de introdução à economia, cujo exemplar em português trouxera do Brasil, ansioso para conhecer a análise econômica tradicional. Ele definia as perguntas básicas a serem respondidas a partir da análise (micro) econômica: o que, como e quanto produzir? Investi um tempo enorme num livro de Henri Guitton, que custara caríssimo e que lia com facilidade, sobre matemática para economistas. Agradou-me outro livro, de Albert Hirschman, *A estratégia do desenvolvimento econômico*, traduzido para um francês especialmente denso.

Finalmente, mais do que ler, estudei *O imperialismo, etapa superior do capitalismo*, livro de Lenin tido como sagrado por todas as tendências da esquerda francesa e mundial. Anotei uma afirmação do fundador da União Soviética que me impressionara: se o imperialismo desenvolvesse os países da periferia, deixaria de ser imperialismo. Este era um pretexto para atazanar a ortodoxia de Vinícius Brandt, a quem eu repetia: "O Brasil se industrializou com capital estrangeiro, cresceu a taxas altíssimas. E o imperialismo predador, onde ficou? Acho que as coisas são mais complicadas. Os países ricos são ricos porque exploram os pobres, ou exploram porque são ricos?"

O Irfed fora criado e era dirigido por Louis-Joseph Lebret, padre dominicano precursor das análises do subdesenvolvimento e da formulação de políticas e projetos de desenvolvimento. Lebret foi dos primeiros a chamar a atenção para o planejamento regional e territorial (*aménagement du territoire*) como instrumento essencial para a redução das desigualdades sociais, objetivo principal de seus estudos e ações. Conhecia bem países de todo o terceiro mundo, inclusive o Brasil, onde, em meados dos anos 50, já preconizara medidas para desenvolver o Nordeste e criara um escritório para elaborar projetos de investimentos voltados ao que chamava *développement harmonisé* (desenvolvimento harmônico).

Lebret foi um dos principais inspiradores da encíclica *Populorum Progressio* — Progresso dos Povos — do papa Paulo VI. Embora viesse a morrer antes de ser publicada, no texto final ficaram as marcas de suas ideias: preocupação com o agravamento das distâncias entre países desenvolvidos e as nações mais pobres; crítica tanto ao neocolonialismo e ao "imperialismo internacional do dinheiro" quanto, por outro lado, à coletivização integral e à planificação centralizada; diferenciação entre crescimento e desenvolvimento; chamado à cooperação internacional, inclusive mediante a criação de um fundo que recolheria parte dos gastos militares mundiais. Em suma, "Economia e Humanismo", o nome que ele mesmo dera a uma associação que fundara no início da década de 40.

O ambiente do instituto era calmo e polido; os professores, todos cartesianos e didáticos. A convivência com estudantes de outros países latino-americanos, da África e da Índia, foi fascinante, contribuindo para encolher minhas margens de provincianismo. O Brasil não era o umbigo do terceiro mundo ou o centro do universo, como inconscientemente supúnhamos. Havia muitas experiências interessantes e gente preparada em outros lugares. O Irfed, os dominicanos franceses, os pesquisadores e boa parte dos estudantes eram assumidamente reformistas. E, ao contrário da esquerda brasileira, orgulhavam-se disso. O padre Lebret era "incrementalista", ou seja, defendia que o acúmulo de mudanças parciais positivas tinha resultantes favoráveis para o progresso coletivo, o desenvolvimento e a justiça social.

Para ele e para os reformistas franceses, a opção não se dava em termos de ruptura ou retrocesso, mas de *recherche et action* (pesquisa e ação). Nesse período, nasceu minha convicção, que transformaria em prática ao longo da vida, de que sempre se pode fazer algo para melhorar as coisas, mesmo quando seja impossível resolvê-las todas. Para tanto, é preciso pesquisar os problemas, situá-los e compreendê-los com a razão, e atuar de maneira decidida, quando necessário, corajosa.

De Praga a Mendoza, via Martinica

Apesar de tudo, eu não deixava de pensar no regresso ao Brasil. Não tinha uma decisão tomada, mas sabia que só poderia fazê-lo se conseguisse um bom passaporte falso, com outra identidade. Contava com a generosidade de um estudante pernambucano que morava no mesmo *foyer*, disposto a ceder-me seu próprio passaporte, cuja foto poderia ser trocada pela minha. A ciência, no caso, seria copiar de forma perfeita o perfil do carimbo sobre a foto. Como tinha um convite para participar de uma reunião da União Internacional dos Estudantes, em Praga, imaginei que poderia fazer isso lá, com a ajuda do pessoal do PCB. Deveria passar uma semana na cidade, mas acabei ficando três, à espera da maquiagem do passaporte.

Um dos intermediários foi Pedro Motta Lima, velho jornalista comunista que trabalhava na revista *Problemas da Paz e do Socialismo*, um embaixador informal do Partidão junto aos tchecos. "Velho", diga-se, significava ter uns trinta anos a mais do que eu. Lima recebeu-me muito bem e, na conversa a dois, falava com uma franqueza surpreendente para as possibilidades de sua filiação e de suas funções. Em algum momento, perguntei-lhe: "E o livro do Osvaldo Peralva, não tem nada de verdade?"

Referia-me a *O retrato*, escrito quando o jornalista Peralva rompeu com o PCB, relatando o tempo que passara na União Soviética e as vicissitudes da desestalinização do partido no Brasil. "O livro tem coisas certas" — respondeu, para completar: "Mas virou um instrumento do anticomunismo."

Em algum momento, Lima sugeriu-me ler, uma verdadeira heresia para os stalinistas, o artigo chamado "A consciência do ex-comunista". Seu autor, de quem nunca ouvira falar, era Isaac Deutscher, o melhor ensaísta marxista daquela e de muitas outras épocas, grande biógrafo de Stalin e Trotski. De fato, Deutscher era trotskista, daí a heresia. Demasiado inteligente, informado e sofisticado para ser panfletário, começava o artigo sobre os ex-comunistas — não necessariamente membros de algum partido comunista, todos intelectuais de primeira qualidade, entre outros, Arthur Koestler, George Orwell, André Gide, Ignazio Silone, André Malraux —com uma frase irônica do próprio Silone sobre o destino do mundo: na humanidade, "a luta final será entre os comunistas e os ex-comunistas".

Numa das vezes em que nos vimos, em sua casa, comentei com Lima a precariedade do avião de passageiros soviético que me levara de Paris a Praga, um Tupolev, Iliushin, ou outro do gênero, da Aeroflot. Ele confidenciou ter a mesma opinião e falou do medo que sentia ao subir nos aviões russos. Disse que os evitava quando as viagens eram curtas. "Sabe qual é o problema, Pedro?" — disse-lhe. "Cai um avião da Aeroflot, os jornais não dizem nada, só ficam sabendo os familiares dos mortos. Não há pressão alguma sobre a companhia nem sobre o governo." No ano seguinte, quando eu já estava no Chile, soube da morte de Pedro Motta Lima num voo na Europa Oriental, num avião de passageiros soviético.

A experiência de três semanas em Praga foi decisiva para consolidar minhas desconfianças em relação ao, chamemos assim, socialismo de modelo soviético — aquilo mesmo, coletivismo, planejamento centralizado, partido único, burocracia poderosa e escassas liberdades democráticas. Tchecoslováquia era o país mais desenvolvido atrás da "cortina de ferro", batia até mesmo a Alemanha do Leste. Isso porque sua economia, apesar de anexada pelos nazistas, não fora destruída pelos aliados nem pelas tropas soviéticas na etapa final da guerra. A economia, mais ou menos incólume, era óbvio, deveria tornar mais fácil a transição ao socialismo e o planejamento centralizado. Mas esse resultado não era perceptível. Mais ainda, não havia liberdade política, nem sindical, nem intelectual ou artística. O desenvolvimento industrial era freado pela divisão de trabalho imposta pelos soviéticos. Coexistiam duas moedas, com lojas para estrangeiros e para os nacionais, essas últimas com vitrines vazias. Curioso é que continuassem existindo, como que a acenar para os transeuntes que um dia seriam preenchidas. Tanto quanto se podia captar, predominava um sentimento de amargura em relação à União Soviética.

Nesse quadro, nenhuma surpresa quando eclodiu a Primavera de Praga, quatro anos depois, reprimida pelos tanques soviéticos. Nenhuma implausibilidade no filme *A confissão*, a que assisti no começo dos anos 70, com Yves Montand e Simone Signoret. Foi uma das peças da tetralogia de Costa Gavras sobre ditaduras, no caso, a única que se desenrola num país socialista. Montand faz o papel de um vice-ministro tcheco que é preso sem explicações e confinado numa solitária. Sofre terríveis torturas psicológicas até confessar-se traidor, embora fosse fiel ao governo que servia e ao partido a que pertencia. Uma história adequada ao país de Franz Kafka.

Antes de voltar à França, como tinha alguns francos, consegui comprar a preços irrisórios, em moeda local, um casaco de inverno, meias de lã e sapatos para a neve. Eram feios, porém eficientes. Mas não compensaram a negativa que recebi dos camaradas tchecos sobre a maquiagem do passaporte brasileiro.

Ao retornar a Paris, graças ao problema do passaporte tomei conhecimento de que a Martinica, ilha caribenha imortalizada no Brasil pela marchinha cantada por Emilinha Borba, não só existia como era um Departamento Francês de Ultramar. Falava-se o idioma da metrópole, não o espanhol caribenho. Operava então na capital francesa uma organização clandestina que visava liberá-la da França.

Não sei como, Pierre Gervaiseau fez contato com alguns de seus integrantes, de maneira a que se ocupassem da mudança da foto do passaporte. Encontrei um par de vezes, num café, um martinicano discreto e amável. Em seguida, depois de uma viagem estranhíssima pelas ruas de Paris de madrugada, levado de carro por um francês que não era da Martinica e usava imensos óculos escuros, cheguei num ateliê de escultura, com luzes apagadas, numa travessa só de casas. Lá recebi o passaporte falsificado com perfeição.

Vencida essa barreira, Marcos Lins fez um contato com o professor Octavio Ianni, que eu não conhecia, para que encontrasse um lugar para me hospedar, oculto, em São Paulo. A orientação que recebi foi a de procurar Maurício Segall. Pedi a Bocayuva Cunha que me emprestasse US$ 350 para comprar uma passagem ao Chile, e que fizesse contato com o Brizola, com vistas a me ajudar a entrar no Brasil pela fronteira com o Uruguai. Ele me atendeu em ambos os casos, com presteza.

Eu reencontraria Bocayuva somente nos anos 80, num debate televisivo em São Paulo. Tínhamos pontos de vista diferentes (ele estava brizolista), mas a cortesia predominou. Fora do ar, falei-lhe do empréstimo e da minha disposição de pagá-lo, já passados vinte anos, com juros e correção monetária. Empréstimo? "De jeito nenhum" — assegurou-me, com grande e bem-humorada convicção: "Você está enganado. Posso garantir que não lhe emprestei nada. Mas fico feliz com seu engano, que me valorizou todo esse tempo diante de você."

Com passagem, passaporte e endereços, em meados de janeiro viajei da França para o Chile. Como as autoridades do aeroporto poderiam desconfiar de algo, e decidir me testar, passei a viagem treinando a assinatura do doador do documento original.

Em Santiago, procurei Marcelo Cerqueira, que se transferira da Bolívia para lá. Definimos o roteiro. Primeiro, iria com minha carteira de identidade verdadeira, por terra, até Mendoza, na Argentina, que ficava do outro lado da Cordilheira. De Mendoza a Buenos Aires, seguiria de avião. Sendo um voo interno, não pediriam documentos.

Na capital argentina, tinha um contato: a namorada de um líder estudantil portenho que conhecera em Praga. Ela me orientaria sobre onde ficar na cidade e como ir a Montevidéu, sempre com a carteira de identidade verdadeira. Da capital uruguaia, finalmente, seguiria para o Brasil pela fronteira terrestre.

Sempre tive um desleixo fatal com documentos. É uma constante psicológica que me atormenta desde a infância e, infelizmente, mantenho até hoje — quando reviro o escritório, em vão, à procura de meu cartão de crédito. Esse traço psicológico provocou uma das situações mais aflitivas de minha vida. Foi em Mendoza.

Eu tinha uma pasta preta, imitando couro com galhardia, onde guardava minha fortuna burocrática. Estavam nela o passaporte falso, com outra identidade; o salvo-conduto boliviano, com minha identidade verdadeira; a *carte de séjour* francesa, com meus dados autênticos; a passagem aérea para Buenos Aires, com meu nome real; e um par de livros que lia simultaneamente, um deles de Georges Simenon. Carregava minha mala azul de lona, na verdade uma sacola grande, com a mão direita. Com a esquerda, a bendita pasta.

Fui a Mendoza de ônibus, e de táxi para um hotel barato, desses onde se hospedam mais de uma pessoa por quarto. Era talvez meia-noite, e a rua estava deserta. Ao chegar, paguei o motorista, que ficou descontente pela falta de gorjeta. O carro afastou-se e me voltei para o hotel, que nem porteiro tinha. Estranhei então a ociosidade da mão e do braço esquerdo. Num átimo de desespero, percebi: deixara a pasta no banco de trás do táxi!

Quando o motorista descobrisse a pasta, abriria o zíper, espiaria os documentos e conferiria o nome de quem a esquecera. Mesmo que os olhasse por cima, notaria que eu tinha dupla identidade. Pela foto, perceberia que os papéis eram do passageiro que não lhe dera gorjeta. Obviamente, passaria a pasta à polícia, a custo zero, acumulando méritos. A menos que fosse um ativista proletário e internacionalista disfarçado, mas a probabilidade disso acontecer era infinitésima. Um ficha aberta assim passaria a ser procurado, acabaria sendo encontrado e preso. Nessa situação, eu diria o quê?

Não sei quanto tempo durou meu pânico. Nem mesmo qual foi a distância enorme que percorri, a toda velocidade e aos gritos, para chamar a atenção do motorista na noite vazia de Mendoza. No começo, por afobação, ainda carreguei a mala azul, o que dificultava a corrida. Acabei largando-a no meio da rua e fui em frente.

A salvação deveu-se a dois fatores: um farol no vermelho — felizmente, ainda não existiam os semáforos que ficam no pisca-pisca à noite, liberando os automóveis para atravessarem com cuidado — e a civilidade do motorista, que freou o carro e aguardou a luz verde apesar das ruas desertas. Com gentileza, devolveu-me a pasta, de cuja existência ali ainda não dera conta, e me levou de volta ao hotel. Paguei-lhe o que mandava o taxímetro e, dessa vez, dei-lhe uma expressiva gratificação.

Em Buenos Aires, apesar da vontade, não procurei meus parentes próximos, tios e primos, pois fatalmente escreveriam para meus pais, que não sabiam de minha viagem. A namorada do amigo, militante do Partido Comunista Argentino, encaminhou-me a um hotel pior que o de Mendoza. Ensinou-me a viajar por lancha até Colônia, ao lado de Montevidéu, e ela mesma ligou para o meu contato na capital uruguaia.

Irene, esse era seu nome, também levou-me a uma *peña* argentina, onde se tocava música *creolla* um tanto engajada, de lamento ou protesto, para mim novidade completa. Ali aprendi que existe *la zamba* argentina, que não tem nada a ver com o nosso samba. É tocada por violino, violão e bumbo, e dançada com relativo recato por homens e mulheres, com bombachas e saias até o chão.

Pelo telefone, fui instruído a procurar em Montevidéu um dirigente socialista que era, ou tinha sido, vereador da cidade. Seu nome era Andrés Cultelli, um homem bem educado de uns quarenta anos. Ele me encaminhou a um pequeno apartamento, quase sem mobília, onde deveria permanecer todo o tempo.

Andar por Montevidéu, onde havia numerosos exilados e infiltrados da ditadura, poria em risco minha volta ao Brasil. Sem rádio, televisão e geladeira, e não tendo o que fazer, acabava frequentando a casa de Cultelli. Era pequena, mas contava com uma biblioteca impressionante de livros sobre Cuba. Ele era generoso, modesto e fanático por Fidel, Che Guevara e a Revolução Cubana. Além disso, conhecia-os pessoalmente! Tinha gosto pelas discussões sobre estratégia revolucionária na América Latina e era paciente em relação às diferenças, como um sacerdote seguro de suas crenças. Gastou comigo algumas horas nesse debate, embora parecesse ocupado e cheio de reuniões

À noite, ia discretamente ao cinema. Assisti a *O silêncio*, mais um filme angustiante de Ingmar Bergman, cheio de símbolos e de compreensão árdua. É o mais erótico de toda a sua longa obra, apesar de mostrar pouquíssimas cenas de nudez, e absolutamente nada explícito. Revi-o mais de uma vez desde então. Sempre fico desconcertado pela facilidade com que o filme me transporta de volta àquela época, ao apartamento, ao público do cinema e à biblioteca de Cultelli, onde lia num sofá-cama avermelhado. *O silêncio*, para mim, quer dizer solidão, Montevidéu, erotismo casto, espera, clandestinidade. Uma obra de arte não é só ela. É também quem a vê, as circunstâncias em que a aprecia.

Cinco anos depois, no Chile, li sobre o fuzilamento em Montevidéu de um agente da CIA, Dan Mitrione, um americano especialista na instrução de polícias e de métodos de tortura de prisioneiros políticos, a fim de se extrair informações dos inimigos. Fora professor dessa matéria em Belo Horizonte, antes de instalar-se no Uruguai. Esse tipo de ação, voltada para a vingança, no contexto da época tinha um efeito político-militar claro: exasperar um inimigo poderoso contra um adversário relativamente fraco.

No noticiário sobre a execução de Mitrione, deparei-me, abismado, com o nome de Andrés Cultelli, de quem nunca mais tivera notícia. Ele era apresentado como um dos líderes do Movimento de Libertação Nacional — os Tupamaros, organização que, além de matar o agente da CIA, sequestrara políticos, fizera assaltos em busca de armas e dinheiro, e até ocupara o Congresso uruguaio. Quem diria que um homem cordial e paciente como Cultelli fosse dirigente e um dos fundadores dos Tupamaros?

Nos anos 60, o Uruguai era o país mais democrático e com o maior nível de bem-estar social da América Latina — levando em conta a renda por habitante e sua distribuição, a esperança de vida, os padrões educacionais e de saúde. Representava a primeira tentativa séria de se fazer um *Welfare State,* Estado de bem-estar, latino-americano.

O golpe de Estado só aconteceria em meados de 73, promovido por um presidente eleito no ano anterior, Juan María Bordaberry, com o apoio enfático dos militares. A democracia uruguaia resistiria bem mais tempo do que no Brasil ou na Argentina.

O ambiente da Guerra Fria, a predominância da política das fronteiras ideológicas em substituição às ideias de soberania nacional, os conflitos sociais provocados pela inflação persistentemente alta desde meados dos anos 60 — tudo isso constituiu um grande e denso pano de fundo para o colapso da democracia uruguaia. Mas houve um fator adicional decisivo: a guerrilha urbana, que começou sete anos antes do golpe, com a fundação dos Tupamaros, cujas primeiras ações impactantes começaram em 1966. Uma guerrilha muito superior à que se esboçou no Brasil em técnica, doutrina e treinamento. Fruto da influência cubana direta, concebia sua ação revolucionária no contexto de uma verdadeira insurreição latino-americana.

No Brasil, as tentativas organizadas de luta armada foram posteriores ao golpe de 64, provocadas pela repressão e o fechamento político. Até então, não houvera nenhuma ação das esquerdas nesse sentido, exceto a que foi tomada por dirigentes das ligas camponesas, de forma desastrada, rapidamente desfeita pelas polícias e pelo Exército. No Uruguai, no entanto, as ações armadas começaram muito antes do golpe e foram essenciais para a aglutinação das forças que o promoveram.

Encontrei Leonel Brizola no mesmo apartamento vazio que ele conseguira para me hospedar, onde passamos uma tarde conversando. Fizemos reminiscências demoradas e autocríticas nem tanto. Ele estava engajado na preparação da luta armada e deu a entender que dispunha de apoio de Cuba. Explicou-me como operaria um foco guerrilheiro de forma tão enfática que chegou a curvar-se diante de uma janela e a simular, com os braços e mãos, tiros de fuzil pelas frestas da veneziana. "E aí, seu Serra, quando entrarmos nas pequenas cidades, a excitação será tanta que as mulheres irão às calçadas" — disse.

Pelo que entendi de suas alusões, o foco se estabeleceria no interior de Santa Catarina. Ele previa um grande impacto político se lá estivessem os três últimos presidentes da UNE — Aldo Arantes, Vinícius Caldeira Brandt e eu. Para quebrar o gelo, interrompi-o, rindo: "Mas, dr. Brizola, o Vinícius tem um desequilíbrio na coluna que o impede até de correr atrás de um ônibus."

Falei a ele que meu plano era instalar-me no Brasil, clandestino. Continuaríamos nosso contato por meio da Ação Popular, já que Aldo Arantes e Betinho viviam em Montevidéu e faziam parte do seu grupo mais próximo. Disse-lhe que tinha dúvidas sobre a estratégia revolucionária do tipo cubano. Analisei mais detidamente as ideias difundidas por Regis Debray e enfatizei as diferenças entre Cuba e Brasil — dimensões, estrutura econômica, ação preventiva dos Estados Unidos. "Cuba pegou os americanos de surpresa" — ele concordou. Acertamos que eu continuaria sem encontrar ninguém em Montevidéu, nem mesmo o pessoal da AP.

Nos dias seguintes, aguardando o esquema para atravessar o Uruguai e cruzar a fronteira, mudei para a casa de um amigo de Brizola, alto funcionário do governo, especializado na área de carnes. Ficava numa praia vizinha à cidade. Passei ali duas semanas agradáveis, abrigado por um casal inteligente e amigo, aproveitando o sol, a água e a areia como nunca antes nem depois.

Brizola foi almoçar na casa da praia. Levou o ainda desconhecido (fora do Uruguai) jornalista político Eduardo Galeano, homem simpático, bom contador de histórias e entendido de futebol. Conversa agradável, amena, adequada às condições de almoço à beira-mar. A dois, Brizola passou-me as informações sobre minha viagem, mas não voltou aos temas do apartamento. Eu o veria de novo, em Nova York, somente em 1977, depois de ele ter sido resgatado do Uruguai pelo governo do presidente Jimmy Carter!

Galeano escrevia no *Marcha*, um semanário de esquerda muito bem-feito. Seis anos depois, publicaria um livro de título sensacional, *As veias abertas da América Latina*, que virou uma espécie de catecismo para as esquerdas da região. Essencialmente, foi um manifesto anticolonialista e anti-imperialista redigido na era da Guerra Fria, que relata, de forma literária, a sequência histórica de desgraças sofridas pelos povos latino-americanos devido à espoliação que sofreram, primeiro, das potências coloniais europeias, depois, da Inglaterra e, finalmente, dos Estados Unidos. Enfim, a tragédia da América Latina teria começado com a saída de Cristóvão Colombo do porto de Palos rumo ao ocidente desconhecido. Em termos bíblicos, no dizer de Aníbal Pinto, essa saída representaria uma aplicação social da lenda do pecado original!

Um ou dois dias depois daquele almoço, fui de jipe — com um jovem universitário uruguaio de minha idade, alegre, amante do Brasil — até uma pequena cidade na fronteira. Estacionou o carro no lado uruguaio de uma rua. Atravessando-a a pé, ingressamos no Brasil. Depois de tanto tempo, tomei guaraná gelado. O rapaz me pôs num ônibus que iria até Pelotas. Ali eu tomaria outro até São Paulo.

CAPÍTULO V

Clandestino no Brasil

— Serra! Você aqui? Perdeu o juízo?

O espanto de Rita não era devido ao vasto bigode e, num arremedo de topete, ao cabelo que me caía para o lado — por mais que hoje pareça implausível, eu tinha cabelo. O conjunto me dava uma aparência um tanto estranha, especialmente para quem já me conhecia. Mas o espantoso mesmo era eu estar ali.

Caminhara até a frente de uma casa do lado esquerdo da rua escura. Era a Campo Verde, no trecho entre a avenida Faria Lima e a marginal Pinheiros, essas duas ainda inexistentes em fevereiro de 1965. Conferi o número num papel e, vacilando, toquei a campainha. Mantive-me pronto para disparar na direção do rio Pinheiros caso tivesse o endereço errado. Uma mulher espiou pelo vitral da sala. Tudo lhe dificultava a visão: as grades do portão, os arbustos do jardim, a noite, a iluminação precária. Rita, no entanto, reconheceu-me de imediato, apesar do disfarce, e deu um grito. Ela era casada com José Carlos Seixas, o guru da Juventude Universitária Católica de São Paulo, que me lançara a presidente da União Estadual dos Estudantes em 1962. Ambos não sabiam que eu estava no Brasil. Decidira fazer-lhes uma surpresa.

Na mesma noite, desisti do disfarce. Raspei o bigode, penteei o cabelo para trás e voltei a ser eu mesmo.

Ao desembarcar, dias antes, fora direto da estação rodoviária, na Luz, para a avenida Paulista. Fiquei num apartamento pequeno e quase sem mobília, de um amigo que não fazia política, da época de ginásio. Ele estudava medicina e, creio, o apartamento era usado para os encontros amorosos da turma. De lá, procurei Maurício Segall, que me levou de carro a um sobrado numa travessa da avenida Santo Amaro. Estava a salvo. Morei ali por dez semanas com um casal belga, Monique e André, amigos de Maurício e Beatriz. Ela era escultora, e ele, engenheiro, trabalhava na filial brasileira de uma empresa de seu país. Os dois — agradáveis e inteligentes — viajavam bastante, o que me permitia imaginar que não os perturbava o tempo todo.

Meu propósito era instalar-me em algum lugar discreto, viver com identidade falsa e trabalhar na resistência à ditadura, de preferência junto à juventude. O movimento estudantil aos poucos ia se reativando. Aproveitaria o tempo livre para ler. Quem sabe, dependendo da evolução favorável da conjuntura política, voltaria aos poucos à legalidade.

Não tinha claro, contudo, o jeito de materializar essas pretensões. Como, desde a Bolívia, concluíra que só poderia formar um juízo conjuntural seguro se retornasse a São Paulo, lá estava eu, mas sem noção aproximada do que fazer. Minha dúvida mais forte era se conseguiria mesmo adquirir a formação intelectual que ambicionava. Talvez tivesse, penso hoje, outros desígnios, como o de provar a mim mesmo que poderia viver na minha terra, oculto e correndo riscos. Mesmo em momentos cruciais da existência, agimos num determinado sentido sem saber ao certo por quê.

Casado com a política

Para meu grande assombro, naquele fevereiro de 1965, a cidade funcionava exatamente como antes. Ruas e avenidas estavam no mesmo lugar, o ritmo paulista de trabalho seguia frenético, havia programas de auditório na televisão, o Palmeiras continuava com seu esquadrão imortal atrapalhando o Santos.

Na política, haveria eleição para prefeito ainda em março, e aguardava-se uma nova votação, para governador, no ano seguinte. A repressão político-policial era desorganizada e um tanto ineficaz. Mas onde estava a situação tão propícia para a guerrilha que Brizola queria deflagrar? Eu não a via e me indagava: por que não posso ficar, formar-me e fazer política?

Aos poucos, porém, dei-me conta de que o problema era a ruptura do ovo da serpente posto no ano anterior. Com o golpe, ocorrera uma fratura profunda na vida democrática. O Brasil estalava, mudando para pior. Gradualmente, implantava-se o regime que terminaria virando ditadura aberta e repressiva, até a prática sistemática da tortura e dos assassinatos políticos.

Dois dos meus melhores amigos e companheiros políticos mais chegados haviam se tornado dirigentes da Ação Popular: Egídio Bianchi e Sérgio Motta. Diante do impacto do golpe, eles assumiram responsabilidades temporárias enormes para evitar o fim do "movimento". O primeiro, eu conhecia desde o ginásio, no Firmino de Proença, na Mooca; o outro, desde o cursinho Anglo Latino, no bairro da Liberdade.

Sérgio Motta, que ainda não tinha bigode, usava uma capa de chuva até quando não chovia. Morava na Aclimação, perto do Cambuci, e era são-paulino fanático e ademarista nem tanto, ambos por influência do pai. Egídio Bianchi, palmeirense, era do alto da Mooca, frequentava as mesmas festas e bailes de adolescentes que eu, e falava pouco de política.

Quando fui eleito para a União Estadual dos Estudantes, eles faziam parte dos "excedentes", os aprovados num vestibular para o qual não havia vagas. Tinham passado no exame da Faculdade de Engenharia Industrial da PUC, que funcionava na rua São Joaquim, na Liberdade. Motivada pelos "excedentes" e pela bandeira da ampliação de vagas nas universidades, a UEE organizou um movimento para a admissão de todos os aprovados no vestibular. Acabamos obtendo a decisão favorável do cardeal arcebispo de São Paulo, dom Carlos Carmelo de Vasconcelos Motta, que tinha uma postura bastante amistosa em relação ao movimento estudantil. Daí em diante, Bianchi e Sérgio Motta passaram a me assessorar, e os alunos da faculdade formaram a nossa principal base de apoio.

Implantamos na UEE um regime de trabalho disciplinado e intenso. Reorganizamos a administração, criamos secretarias regionais e melhoramos as finanças da entidade, provenientes de emendas ao orçamento estadual. Demos um jeito na limpeza e até eliminamos os beliches do porão, onde dormiam pessoas que nem eram estudantes; Plínio Marcos, por exemplo, futuro ator, autor, diretor de teatro e meu amigo.

Queríamos criar um ambiente que as moças da JUC, dedicadas ao trabalho político, pudessem frequentar à vontade. Fizemos uma programação ampla de trabalho e agitação, criando o Centro Popular de Cultura, a Frente de Mobilização Popular do Estado e a UEE Volante. Percorremos o território paulista inteiro. Apresentávamos espetáculos, fazíamos debates nas salas de aula e promovíamos comícios nas praças.

Eu exigia que os diretores comparecessem todos os dias à sede, assinando uma espécie de livro de ponto. Quando um deles, do PCB, faltou vários dias sem avisar e reapareceu queimadinho de sol, teve de renunciar. Arnaldo Madeira, o encarregado da fração do Partidão na UEE, substituiu-o por João Batista de Andrade, meu colega da Poli e, até onde eu sabia, apenas um fã de cinema.

Tornei-me amigo do cardeal Motta. Com frequência, ia à tarde ao palacete da Cúria, em Higienópolis, para tomar café com ele e os bispos auxiliares. O ritual me fascinava. Os pães e os doces — feitos pelas freiras ou comprados na padaria mais próxima — eram luminosos aos meus olhos e deliciosos ao paladar. A conversa entre os prelados me parecia um manancial de aprendizado sobre o funcionamento da Igreja.

Nos paramentos litúrgicos pesados e luxuosos, nos gestos lentos e nas sentenças taxativas, dom Carlos Carmelo transmitia um conservadorismo que, de fato, era mais aparência do que realidade. Influenciado pelo Concílio Vaticano Segundo, ele defendia o incremento das pastorais junto ao povo pobre, gostava da JUC politizada e defendia a reforma agrária. Chegaria a ajudar-me na eleição à presidência da UNE, emprestando camas e colchões para os delegados de todo o Brasil, que se reuniram no Congresso de Santo André. Eu perderia a eleição se a organização do Congresso fracassasse.

Tínhamos uma diferença profunda, porém. Dom Carmelo era simpático ao governo de Oliveira Salazar em Portugal, que nós, obviamente, abominávamos. Nem os bispos auxiliares concordavam com sua admiração pela tirania lusa, mas não ousavam contrariá-lo. Como toda alta autoridade eclesiástica de então, ele não argumentava nem ouvia muito: concluía as conversas e emitia sua sentença, definitiva como um édito vaticano. Certa vez, num arroubo próprio dos mal entrados vinte anos, disse-lhe, rindo: "Cardeal, eu escondo do pessoal da UEE que o senhor gosta do Salazar."

Dom Carlos Carmelo era abominado, isto sim, pela direita brasileira. Logo depois do golpe, foi substituído por uma figura dócil ao regime e transferido a Aparecida do Norte. Quiseram marginalizá-lo, mas ele organizaria e comandaria a construção da imensa basílica.

Na minha volta ao Brasil, Bianchi e Motta, que se formaram na política trabalhando comigo e com os quais nunca tivera divergências, mostraram-se arredios à minha permanência em São Paulo. Com franqueza crescente, diziam: "Você está errado. Mistura questões pessoais e políticas. Como montar um esquema de vida clandestina?

E os recursos para isso? Por que não fica no exterior estudando? Você voltará mais bem-preparado!" Devia pesar ainda o fato de que, se eu permanecesse, a responsabilidade por minha instalação, segurança e movimentação seria deles. Era um argumento não explicitado, mas perfeitamente razoável.

Contrária à minha permanência era também madre Cristina Maria, professora de psicologia do Sedes Sapientiae, um centro universitário dirigido pelas cônegas de Santo Agostinho. O Sedes era espécie de continuação do colégio Des Oiseaux, com faculdades só para mulheres.

Aproximara-me de madre Cristina dois anos antes e nunca mais nos afastaríamos. Talvez tenha sido ela a pessoa que mais exerceu influência sobre mim a partir de então. Nas noites de clandestinidade, ia visitá-la no Sedes duas ou três vezes por semana. Repassávamos o que estava acontecendo no Brasil e o que eu havia vivido naquele último ano de aprendizado, angústias e incertezas.

Definitivamente, minha vocação era para a vida pública, concluíamos. Mas o que fazer? "Você não vai ter paciência de viver aqui, clandestino, sobretudo se for condenado" — dizia ela. "Não vai aguentar a rotina de ficar indo de reunião em reunião, escondido. Mas, se estudar mais e se preparar, vai ser presidente da República. Precisa se preparar e melhorar o gênio, não é?"

Ela me achava um tanto impaciente e demasiado transparente nas relações da política — nos gestos, na fisionomia e nas palavras, uma combinação de atributos da qual eu jamais me desvencilharia, apesar dos esforços em contrário. Como lembrou Machado de Assis em seu *Brás Cubas*, citando Wordsworth, "o menino é o pai do homem".

O Sedes ocupava meio quarteirão entre a Consolação e a Augusta, e a entrada principal ficava na rua Marquês de Paranaguá. Eu entrava pelos fundos, na rua Caio Prado, sem movimento, quase deserta.

Percorria um trecho escuro do parque até a porta de um edifício. Havia sempre algum suspense até chegar à sala onde madre Cristina me aguardava.

Foi nessa pequena sala que comemorei meu aniversário, com ela e Maria Salete Dutra, ex-diretora da UEE. Só os três. Numa das primeiras visitas, recebi a notícia: "Sua ex-namorada vai se casar na semana que vem, com alguém que conheceu no Líbano." Foi essa a resposta de madre Cristina quando lhe pedi que me pusesse em contato com Yara. No encontro que finalmente aconteceu, ouvi dela uma frase que me ficou: "Não daria certo. Você é casado com a política."

Meu tempo era preenchido pela leitura. Numa arrancada, li *Os sertões* inteiro. Depois de cem páginas, estava familiarizado com o estilo palavroso e o vocabulário preciosista de Euclides da Cunha. O mesmo não aconteceu com *Os lusíadas*, de Camões, igualmente disponível na casa dos belgas.

Também ia ao cinema, usando a velha tática de entrar depois de o filme começar e sair logo que acabasse. Lembro-me de uma daquelas imbatíveis comédias da dupla Rock Hudson e Doris Day, com Tony Randall de coadjuvante — o melhor dos três —, *Não me mandem flores*. Hudson é tão hipocondríaco no filme que pede a um amigo que o ajude a encontrar um novo marido para sua mulher, pois está certo de que morrerá logo. Não devo ter achado tanta graça naqueles dias.

Frequentava amiúde a casa de Maurício e Beatriz Segall, na rua Dona Berta, número 111, onde é hoje o Museu Lasar Segall. A mãe de Maurício, dona Jenny Klabin, morava na casa ao lado. Ela era cortês e elegante — classuda mesmo, como se dizia — e todos a tratavam com deferência.

Contrariando as normas da segurança, eu dormia lá vez ou outra. Beatriz e Maurício foram minhas companhias por excelência naquelas semanas. Ela apenas recomeçava a vida artística, depois de dez anos e três filhos, ainda pequenos — preparava-se para reaparecer no teatro. Numa das paredes, a que dava para a rua, ficava o belo retrato dela, feito pelo sogro, Lasar Segall.

Maurício tinha uma atividade empresarial, creio que na área de transportes de carga, mas era antes de tudo um intelectual de qualidade e escritor, um homem de esquerda convicto e disciplinado. Não era dado a discussões sobre política, talvez porque as considerasse inúteis — em boa parte dos casos, é mesmo. Ademais, não tinha nem nunca teve vontade de se exibir.

Em 1970, foi preso, torturado e condenado a dois anos de cadeia. Antes disso, ele e o irmão, Oscar Segall, seguindo o desejo da mãe, criaram o museu, renunciando à fortuna que proviria da venda das obras do pai, e tornaram-nas acessíveis a todos. Um exemplo de espírito público.

Maurício viria também a refazer e a dirigir, até 1981, o Theatro São Pedro, que havia sido inaugurado em 1917, mas que estava havia muitos anos desativado, funcionando como cinema. Em 1984, quando secretário do governo Montoro, impulsionei a estadualização que salvou o Theatro.

Numa tarde, na rua Dona Berta, conversava com Beatriz e lhe disse:

— Acho que os livros e revistas estão muito mal arrumados nessas estantes. A *Anhembi* está misturada com a *Brasiliense*; o segundo volume daquele livro está longe do primeiro; fico com vontade de dar uma ajeitada geral.

— Tem toda a razão. Olha aqui, dá uma arrumada.

— Mas o Maurício não vai achar ruim?

— Não vai, não.

Trabalhei com entusiasmo por umas duas horas. Aí o marido chegou. Achou tudo ruim, ficou furioso e, por delicadeza para com o hóspede, responsabilizou a mulher pela bagunça, embora eu insistisse na inocência dela e na minha culpa. A (des)organização de livros é uma coisa muito pessoal, aprendi.

E se tivesse sido ator?

Com Beatriz, eu perguntava sobre o teatro em São Paulo: o que estava acontecendo, onde andavam as pessoas que eu conhecia. Quando comecei a Politécnica, via Fauzi Arap, que já estava no último ano, aproximei-me do Grupo Teatral Politécnico (GTP). Isso antes da política. Ele me incorporou aos Jograis da Poli, uma das atividades mais prazerosas que tive na vida: declamávamos poesias, contávamos histórias e até cantávamos, replicando os jograis de São Paulo, formados por atores profissionais. As apresentações não eram só na Poli, mas também em festivais, em eventos no interior e nos centros culturais da cidade. Acabei virando diretor do GTP.

O poeta mais prestigiado pelos jograis era Manuel Bandeira, por um simples motivo: ele estudara na Politécnica, embora a tuberculose o tivesse impedido de concluir seus cursos. Mais ainda, dentro do modelo de Euclides da Cunha quando descreve o sertanejo, escrevera uma poesia sobre o engenheiro, que declamávamos orgulhosos. Ele alimentou minha hipocondria com o poema *Pneumotórax*, que era perfeito para os jograis:

> — O senhor tem uma escavação no pulmão esquerdo e o pulmão direito infiltrado.
> — Então, doutor, não é possível tentar o pneumotórax?
> — Não. A única coisa a fazer é tocar um tango argentino.

E foi pela poesia de Bandeira que conheci, além do Recife, Pasárgada:

> Vou-me embora para Pasárgada
> Lá sou amigo do rei
> Lá tenho a mulher que eu quero
> Na cama que escolherei...

Muitos anos depois, em 2008, ao falar na missa de sétimo dia de Ruth Cardoso, num dos momentos mais tristes de minha vida, reescrevi para ela o poema que Bandeira dedicara ao amigo ausente, Mário de Andrade, e que eu conhecera nos tempos do GTP:

> Anunciaram que você morreu.
> Meus olhos, meus ouvidos testemunharam:
> A alma profunda, não.

Frequentava teatros desde os quinze anos, mas outra coisa, mais séria e divertida, foi conviver com autores e diretores, e flertar com a hipótese de virar intérprete. Acompanhei, pelas mãos de Fauzi Arap, o começo do Teatro Oficina, onde assisti a um curso de Eugênio Kusnet sobre o método de representação criado por Stanislavski. Ia a reuniões onde dissertavam Augusto Boal, do Arena, ou José Celso Martinez Corrêa, do Oficina. Cheguei a fazer o papel principal de uma peça de José Celso, *Vento forte para papagaio subir*, dirigida por Fuad Jorge e por Fauzi, que o GTP apresentou num festival de Porto Alegre, no começo de 1962.

O mais difícil era fazer um solo na abertura da peça, de pé, em silêncio, enquanto a música-tema, de Caetano Zama, era cantada. Só pequenos gestos e expressões que iam da felicidade ao pânico final, diante de uma trovoada que interrompia a música e induzia meu personagem a cair no chão. Trovoada que simbolizaria, na vida do jovem, uma ruptura com seu presente e seu passado.

Sabia de memória poesias longas de Vinicius de Moraes, como "Monólogo de Orfeu", que declamei nesse festival, acompanhado de um violão tocando "Manhã de Carnaval". E emendava o poema com o começo da canção: "Vai, tua vida, teu caminho é de paz e amor." De Vinicius, eram também duas das poesias mais subversivas da época: "Operário em construção", que eu declamava sozinho ou com os jograis, e, mais adiante, "Os homens da terra", sobre a reforma agrária.

Também me divertia com a "Poesia matemática", de Millôr Fernandes. Apresentei-a num programa de televisão durante o festival de Porto Alegre. Décadas depois, em 2002, recitei-a novamente na televisão, por pressão das participantes do programa *Saia Justa*. Millôr assistiu por acaso e me elogiou quando cruzei com ele, no restaurante Satyricon, no Rio. Voltaria a se referir a mim de forma calorosa na introdução de um livro que publicou anos depois, dizendo que eu fora o melhor intérprete daquela poesia. Como sempre o considerei um gênio e um crítico terrível, tenho seus elogios como a maior glória da minha brevíssima carreira artística.

A ida do Grupo Teatral Politécnico a Porto Alegre foi num ônibus que incluía o pessoal de teatro universitário de Campinas, que levava *O auto da compadecida*. Na viagem, conheci Regina Duarte. Ela tinha uns quinze anos, mas aparentava doze e viajava protegida pela mãe. Fazia o papel do palhaço na peça de Ariano Suassuna. Foi por causa delas que impliquei com a maconha que muitos fumavam no ônibus. Eu era o chefe da delegação, em tese responsável pela ordem e pelo decoro durante a viagem, mas fui completamente desobedecido.

No mesmo festival, o pessoal da faculdade de engenharia do Mackenzie encenou *Os fuzis da senhora Carrar*, de Brecht. Era uma montagem extraordinária, que me permitiu conhecer melhor as canções da Guerra Civil Espanhola. Na peça, estreava Dina Sfat, que começou a fazer teatro por um motivo esdrúxulo. Não existiam mulheres no curso de engenharia do Mackenzie, e ela era secretária do grêmio da faculdade. Como havia papéis femininos na peça, foi convidada a virar atriz.

O fenômeno se repetia no GTP. A única aluna mulher da Poli, Ivone, virou atriz quase à força. A outra era Ivonette, secretária do Departamento de Máquinas e, ao que parecia, namorada de Geraldo Vandré, que ela nos apresentou. Ana Maria de Cerqueira Leite, secretária do Grêmio Politécnico, fazia o papel de minha namorada na peça de Zé Celso e ganhou um prêmio em Porto Alegre pelo seu desempenho. Nunca entendi por que não fez carreira de atriz.

Com uma ponta de desgosto, larguei o teatro, enquanto ensaiava *Piquenique no Front*, de Arrabal, para me dedicar inteiramente à política. Irene Ravache brincou certa vez: "O Brasil ganhou um grande político, e o teatro perdeu um belo canastrão." Ela talvez falasse isso porque nunca me vira representar... Mas estava certa numa coisa: político-ator se torna fatalmente um canastrão. O certo é que a experiência no teatro estudantil ampliou meu gosto pela arte cênica e pela cultura artística e esteve por trás de tudo o que fiz nessa área nas funções de governo a partir da década de 80.

São exercícios ociosos, à moda de Álvaro de Campos, que faço às vezes, quando busco cair no sono ou quando estou fazendo uma ressonância magnética demorada. O que teria acontecido se não tivesse me engajado na política; se tivesse virado ator? Nas artes, sonha-se mais...

O exilado vota para prefeito

O advogado da empresa de Maurício Segall, dr. Paula Santos, tinha algum acesso à Polícia Civil de São Paulo. Ainda não eram os anos de chumbo da ditadura, mas ele obteve informações de que havia vigilância de quarteirão em torno da casa dos meus pais, àquela altura morando no Ipiranga. E existia um Inquérito Policial Militar, o famigerado IPM, aberto por ordem do general Kruel, que estava sendo concluído, com denúncias contra mim e perspectivas de condenação.

Eram denúncias estúpidas sobre minhas "ações subversivas". Desenvolvi, então, a tese de que os serviços de informação eram primitivos. Imaginem um investigador da polícia política — que ganhava pouco, não conhecia bem os movimentos sociais e achava entediante seu trabalho — tendo de ficar atrás de alguns estudantes, acompanhando atos públicos. Como precisava mostrar serviço, escreveria qualquer coisa plausível nos relatórios, inventando algo se necessário. Quem conferiria?

Alguns informes de agentes da repressão política de que tomei conhecimento confirmaram minhas intuições. Segundo o arquivo do Dops paulista, quando eu era presidente da UEE, comparecera a uma homenagem ao russo Yuri Gagarin e a outros cosmonautas soviéticos na biblioteca Mário de Andrade. Mais do que isso, teria chorado de emoção quando se falou da União Soviética. Só que nunca fui a nenhuma homenagem a astronautas e jamais derramei uma lágrima sequer pela URSS, nem em privado nem em público. E se tivesse comparecido e chorado? Mereceria um processo?

Para piorar, o promotor que pediu minha condenação afirmou que eu voltara do exterior com propaganda subversiva na bagagem, embora nunca tivesse saído do Brasil até então. Outro paspalho do serviço de Inteligência do Itamaraty sustentou — e isso foi incorporado até a livros originados nos serviços de Inteligência do regime brasileiro — que, quando morava no Chile, eu ia com frequência ao Uruguai para articular a ação de exilados. Não fiz, contudo, uma só viagem entre os dois países.

Não era de todo mal, porém, que a Inteligência da ditadura fosse desorganizada. Apesar de minha condição de exilado, e do Inquérito Policial Militar que me investigava, dr. Paula Santos tirou um passaporte em meu nome. Fez isso sem que eu comparecesse à sede da polícia e sem apresentar meu atestado de reservista. Fora dispensado do serviço militar — como todos os que nasceram num mês ímpar de 1942 — e nunca me dera ao trabalho de retirar o bendito certificado.

Como era necessário também exibir o título de eleitor em dia, fui votar, em 22 de março de 1965, para prefeito de São Paulo. Seguir-se-iam vinte anos sem eleição direta na cidade. Votei em Franco Montoro, mas ganhou o brigadeiro Faria Lima, apoiado por Jânio Quadros. Um dos mesários me perguntou, distraidamente: "Como é? Agitando por aí ou estudando?" Eu respondi sorrindo: "Os dois."

A decisão de deixar o Brasil foi definida por um incidente policial. A AP promoveu uma reunião nacional em São Paulo, teoricamente clandestina, do pessoal mais ligado à área estudantil. Eu estava louco para comparecer, surpreender a todos e debater os temas propostos. Por isso mesmo, briguei muito com Sérgio Motta e Egídio Bianchi, que se opunham.

Na véspera, nós nos encontramos, de madrugada, na casa de Bianchi, num dos conjuntos de pequenos apartamentos construídos pelo Instituto de Aposentadorias e Pensões dos Industriários (Iapi), na Mooca. Não houve acordo. Alegavam, como era correto, a falta de segurança da reunião. E disseram que a circulação da notícia de minha presença em São Paulo, inevitável depois do encontro, poria em risco a mim e a eles próprios. No fim, obtive o número do telefone do local do encontro e, deles, a promessa de que atenderiam o meu telefonema.

No dia seguinte, disfarcei a voz e liguei. Reconheci quem me atendeu. Era Marli Gouveia, que trabalhara comigo na UEE e cujo namorado (e depois marido) fora o último a escapar pelos fundos do prédio da UNE, atacada em 1º de abril. Estranhamente, ela não dizia "Alô"; apenas repetia, sussurrando, uma palavra incompreensível. Reagi com impaciência e abandonei a cautela de quem não queria ser identificado: "É o Serra!" Marli então disse de forma mais pausada e alta a palavra que dizia baixinho: "Dops!" — antes que um policial a interrompesse.

Ela atendera o telefone quando os participantes do encontro passavam pela sua frente, todos com as mãos na nuca, diante de policiais que lhes apontavam as armas. Exceto as mulheres — como era cavalheiresca (e machista...) a repressão um ano depois do golpe! —, todos ficaram presos no Dops.

A reunião, realizada no prédio do Graal, entidade da Igreja católica na rua Cardoso de Almeida, vazara para a polícia. Foi então feita a triagem, e alguns dos detidos ficaram mais tempo na cadeia. Entre eles, os dois amigos prudentes que evitaram minha prisão. No fim de nove dias, estavam todos devidamente fichados, e soltos. Nenhum foi maltratado.

Como fiquei sem nenhuma informação, passei dias aflito, enfiado na casa de Santo Amaro. O risco seria Motta e Bianchi terem no bolso um papel com o meu endereço — e ambos tinham mania de anotar coisas. Mas eu me acalmava pensando que, no camburão, mastigariam o papelzinho.

Bianchi levava numa pasta algo potencialmente pior: a correspondência cifrada que mantinha com Betinho e Aldo Arantes no Uruguai. Entre outras temeridades, mencionava tratativas com Brizola.

Àquela altura, os dois faziam parte do grupo do ex-governador, que, em Montevidéu, discutia e planejava as guerrilhas de padrão cubano. Da correspondência, constava de forma cifrada até minha presença em São Paulo.

Antes, Bianchi me mostrara a chave para decifrar o código, que tinha por base um dicionário, disponível para ambos os correspondentes: em vez de palavras, havia números de páginas e a posição da palavra dentro de cada página; de modo que, quando a polícia pegou a papelada, entendeu pouco ou nada. Não sei que explicação foi dada — exceto que se atribuiu a uma mulher inexistente a propriedade dos papéis —, mas o fato é que nada mais grave aconteceu naquele momento.

Simbolicamente, uma vez iniciada a preparação da partida, no dia 1º de abril de 1965 os jornais estamparam declarações do ministro da Guerra, general Costa e Silva, comemorativas do primeiro aniversário do golpe. No balanço, registrava-se o fim da era na qual estudantes agitadores insultavam generais em comícios ao lado do presidente da República... Entendi.

Antes de deixar o Brasil de novo, quis ver minha família. Encontrei separadamente meu pai e minha mãe. Ela só queria saber se eu estava bem. Ele, infinitamente mais fragilizado, perguntou: "Como vamos fazer sem você? O que será de nós?"

Na véspera da partida, tive a ideia de encontrar todos os meus parentes na casa de uma das tias. Deu certo. O astral era melhor do que o daquela noite de partida para La Paz. Mas eu tinha consciência de que via pela última vez meus dois avós.

Outra vez, só no mundo

Minha partida foi heterodoxa. Usei o novo passaporte "legal", confiei na desarticulação dos serviços de segurança e supus que jamais imaginariam que um perseguido agisse de forma tão temerária: ir de navio de Santos a Buenos Aires.

Sérgio Motta, que saíra da cadeia, levou-me ao porto de Santos num fusquinha. Funcionou! Não havia ninguém dos órgãos da polícia política no cais de passageiros em Santos, e então o navio zarpou. Adeus, Brasil. Outra vez, iria navegar, só, no mundo. Por quanto tempo?

Ao lado de passageiros bons de papo, todos hispânicos, saboreei um lauto jantar e tomei vinho, descontraído e otimista. Pois é... Na mesma noite, com o balançar do navio, veio o enjoo. Passei mal até Montevidéu, a primeira escala. Nunca mais fiz viagens marítimas.

Em Buenos Aires, encontrei-me com a namorada do amigo portenho e procurei o ramo argentino de minha família. Conheci um de meus tios, meu homônimo, que emigrara da Itália à Argentina no fim da década de 20. Morava num cortiço, era pedreiro, estava adoentado, parecia cansado de viver.

Revi meus primos Luigi e Rosa, filhos da tia Antonietta, que, por sua vez, morava em Corigliano, na Calábria. Disse "revi" porque os havia conhecido quando passaram por Santos, depois da guerra, e fomos vê-los no porto. Uma das minhas alegrias na infância era ser levado ao porto de Santos e conhecer parentes e amigos de meu pai. Havia choradeira, beijos e beliscões no estilo calabrês, que não me entusiasmavam, mas, em compensação, ganhava presentes e conhecia, assombrado, o convés de imensos navios.

O primo Luigi era operário e peronista fanático. Falava com sotaque portenho, chorava o líder exilado e amaldiçoava Arturo Illia — o presidente da República, derrubado de maneira infame no ano seguinte — e os militares que tinham tirado Juan Domingo Perón do poder em meados dos anos 1950. Com ele, aprendi o Hino da Juventude Peronista, que sei até hoje:

> Los muchachos peronistas
> Todos unidos triunfaremos,
> Y como siempre daremos
> Un grito de corazón:
> ¡Viva Perón! ¡Viva Perón!

Pela música, letra e sonoridade, é uma obra-prima do cancioneiro político mobilizador. A mais eficaz que ouvi, junto com a "Giovinezza" dos fascistas italianos. Os fascistas e seus derivados são mestres da arte de exibir a face romântica e mobilizadora do regime.

Conheci também um homem abominável para a jurisprudência moral da minha família ítalo-brasileira, o pai de cinco primos, dois deles morando em Buenos Aires. Ele emigrara nos anos 30 para fazer o pé-de-meia na América e chamar depois a mulher e os filhos. Na Argentina, contudo, envolveu-se com outra mulher e lá se quedou, primeiro enrolando, depois em silêncio.

Tia Antonietta aguardou por décadas, com amargura, a passagem que jamais chegaria. Contrariamente ao que eu esperava, era um velhinho mirrado e inofensivo, que despertava alguma simpatia, e era aceito pelos filhos que viviam na capital portenha.

Por meio de Ciccillo, marido da prima Rosa, soube um segredo que me intriga até hoje. Ele tinha o porte e o jeito de conde arruinado de um filme de Pietro Germi, mas, depois de algumas horas, revelava-se um bom e simples operário de poucas letras e que mal falava castelhano. Comigo, só se expressava em italiano. Um dia, no meio do almoço no quintal, puxou-me para o canto e sussurrou: *Giusè, il tuo padre ha una figlia a Corigliano. Ma non si preoccupi, non è tua sorella, è bastarda. La madre era una donna... sapete... non era seria.*

Para um filho único como eu, a revelação soou como uma bomba. Eu tinha uma irmã! Muitos anos depois, em 74, visitando a cidade natal de meu pai, Corigliano, pressionei meu tio Giovanni, seu irmão caçula, a me confirmar a existência da "bastarda". Tio Giovanni tivera uma vida sofrida. Era aquele que lutara na guerra e ficara uns seis anos preso num campo de concentração dos Aliados. Ao voltar à Calábria, a miséria era tanta que, nos vinte anos seguintes, ia à Alemanha para trabalhar no inverno. Ele era o que economistas chamam de "mão de obra temporária": trabalhava na limpeza de ruas e na construção civil; sem registro e sem direitos.

Perguntei-lhe de maneira delicada, mas insistente: quem era minha irmã, a filha de meu pai com uma mulher que "não era séria"? Tio Giovanni foi firme e definitivo na resposta negativa. Aí está o mistério: ele foi enfático demais, amaldiçoou a alma de Ciccillo — que já havia morrido — e blasfemou à vontade. Não lhe arranquei nada.

Na viagem ao Chile, ao atravessar os pampas de trem, numa cabine com cama, dediquei um tempo à leitura dos jornais locais. Num tabloide, provavelmente o argentino *El Clarín*, deparei-me com uma nota incrível, que relatava uma ordem de apreensão do passaporte brasileiro que eu utilizara para ir de Paris a Santiago!

Depois de chegar ao Brasil, o dono do documento — o amigo que o emprestara a mim — foi ao consulado de Paris pedir outro passaporte, alegando a perda do que possuía. O Itamaraty deve ter comunicado o fato à polícia francesa, que, por sua vez, constatou que alguém viajara com esse documento para Santiago do Chile. E deve também ter recorrido à Interpol, que acionou as polícias da América do Sul.

Mas por que a ordem de apreensão foi publicada num jornal? Eis um mistério. A coincidência de, num trem nos pampas, eu ler a imprensa com atenção e, nesse jornal, numa página perdida, ter sido publicada a nota, justamente naquele dia, ainda me intriga. É a Roda da Fortuna. Às vezes, somos premiados (ou castigados) assim, do nada.

CAPÍTULO VI

A família chilena e a felicidade da formação

Santiago do Chile era, em meados dos anos 60, o centro de ciências sociais e de análise de políticas públicas mais importante da América Latina. Lá ficavam as sedes da Comissão Econômica para a América Latina das Nações Unidas, a Cepal, e de seu agregado, o Instituto Latino-Americano de Planejamento Econômico e Social, o Ilpes.

Outros órgãos internacionais de prestígio também tinham ali sedes regionais, como o Centro Latino-Americano de Demografia e o Programa Regional de Emprego, da Organização Internacional do Trabalho, e a Faculdade Latino-Americana de Ciências Sociais, a Flacso. O ambiente intelectual era criativo e arejado, e rotineiramente enriquecido pelas visitas de economistas e sociólogos de países do norte e do sul.

O desenraizamento do exílio, a preocupação com meus pais, a solidão e a falta de dinheiro me tornavam a vida complicada. Mas foi um privilégio estar no Chile naquela quadra. Havia empenho, pesquisa séria, discussão e renovação de ideias. Parecia possível aprender com o passado, dominar o conhecimento dos problemas e projetar um futuro melhor para os países da América Latina.

O economista argentino Raúl Prebisch formulara, ainda nos anos 40, uma crítica cortante e persuasiva à divisão internacional do trabalho. Sua análise inovadora rompia com a visão estática e conservadora da teoria das vantagens comparativas. Tanto que, ao apoiar a indicação de Prebisch para o Nobel de Economia, Albert Hirschman chamou aquele texto de "manifesto". Segundo a teoria ortodoxa, os países centrais estavam destinados a vender manufaturados e os da periferia teriam de viver da exportação de produtos primários, conhecidos hoje como *commodities*. A indústria de transformação dos países subdesenvolvidos nas primeiras décadas do século XX não somava 10% de seu produto interno bruto, quando muito. Para a teoria ortodoxa, isso não era problema, pois, com o livre intercâmbio, os ganhos do comércio se repartiriam de forma generalizada e equânime entre todas as nações.

Fundador e dirigente da Cepal, Prebisch contra-argumentava que a indústria era o setor que tinha o maior aumento de produtividade, o que gerava mais investimentos e absorvia mais inovações tecnológicas. Isso tudo redundava em mais e melhores empregos, gerando o círculo virtuoso do progresso. Para ele, nos países ditos centrais, os ganhos da maior produtividade industrial eram em boa medida absorvidos pelos sindicatos de trabalhadores e pelos impostos, neste caso para financiar os investimentos e as despesas sociais do Estado. Com isso, os preços das mercadorias industrializadas não caíam proporcionalmente, e os países pobres, atados à sua produção de *commodities* e às importações de manufaturas, pouco se beneficiavam daqueles ganhos.

A abordagem pioneira de Prebisch frutificou em uma série de teses e pesquisas, feitas principalmente no âmbito da Cepal. Com o avanço da industrialização, a Cepal passou a promover análises dos desequilíbrios resultantes e das políticas de substituição de importações. Os estudos de planejamento e programação que promovia visavam ao crescimento sustentado em âmbito nacional e latino-americano. Já o Ilpes organizava cursos que proporcionavam formação técnica a funcionários públicos e universitários de todo o continente.

Toda essa atividade teórica e prática oferecia uma contraposição aos arroubos retóricos de muitos exilados, para os quais a guerrilha era a trilha única para mudanças sociais profundas. Ainda que nem sempre houvesse consciência disso, a Cepal conferiu densidade ao debate entre reforma e revolução.

Li o documento de Raúl Prebisch ainda em Paris, além dos textos de um dos mais ilustres integrantes de sua equipe original, Celso Furtado, e de Paul Samuelson, autor do teorema da equalização dos benefícios pelo livre-comércio e principal objeto da crítica cepalina.

Ainda no Brasil, acompanhara os artigos de Eugênio Gudin em *O Globo*. Um dos pouquíssimos economistas profissionais, era tido pela esquerda como um belzebu, mas sua preocupação contínua com a inflação me atraía — via em casa como a carestia corroía o trabalho de meu pai. Gudin defendia a tese fatalista de que o desenvolvimento não dependia de políticas ativas, e sim do clima, do solo, do relevo e quejandos: era um ideólogo da anti-industrialização.

Rematada tolice aos olhos de hoje, a ideia era levada a sério no Brasil na primeira metade do século XX, acompanhada da apologia da vocação essencialmente agrícola do país.

Em Paris mesmo eu tinha me decidido: queria compreender a mecânica econômica da sociedade. Estudaria história econômica, os fundamentos teóricos da economia e sua aplicação por meio de políticas públicas e do planejamento da ação governamental. Faria sempre um sistemático e abrangente confronto da realidade com a razão — ambos aspectos inseparáveis do desenvolvimento histórico. Queria preparar-me para ser um servidor público e um político racional. Ou, como dizia De Gaulle, para ser um homem de Estado.

Parti para o Chile com essa esperança e uns 300 dólares no bolso, emprestados a fundo perdido por Sérgio Motta e Maurício Segall. Cheguei a Santiago sem saber aonde ir. No trem para lá, calhara de me sentar junto a um jovem casal de argentinos que editavam a versão em castelhano da *Monthly Review*, a revista dirigida por Paul Sweezy e Leo Huberman, economistas americanos marxistas. Sugeriram que ficasse no mesmo hotel que eles, o Claridge. Assim fiz, mas a diária era proibitiva e só pude permanecer no hotel uma semana.

Um chileno que conhecera em Praga me encaminhou a uma pensão para estudantes. Dividi um cômodo com três outros jovens. Com hábitos noctívagos e sono tênue, o ambiente me era impraticável. Ainda por cima, a pensão ficava longe tanto do bairro onde moravam os brasileiros como das ruas onde passavam ônibus e vans. Nunca vira um sistema de transporte público tão ruim. Os ônibus de Santiago eram velhos e raros. As vans tinham o apelido de "lebres" — nome adequado para um veículo pequeno e nervoso, que andava aos arrancos e não parava nunca. Carlos Estevam Martins, fundador do CPC da UNE, sociólogo e cientista político que morava na cidade, sempre bufava: "Se aparecer uma perua, parar e tiver lugar, três milagres simultâneos, você pega e vai embora, qualquer que seja o destino."

Conhecimento e nicotina, alimento e amizade

Confirmei logo o que já suspeitava: não daria para concluir num prazo razoável meus estudos de engenharia. O curso no Chile era de seis anos e teria de prestar exames de todas as matérias que já estudara no Brasil. Mesmo assim, aproveitei as aulas de microeconomia da Escola de Engenharia.

Curti a teoria do consumidor, tão irrealista quanto elegante, e a teoria da produção, não tão bem alinhada, embora útil como referência. Na prática, era um curso de álgebra e geometria aplicadas. O professor, Jorge Cauas, viria a ser expulso do Partido Democrata Cristão, de cujo governo participara, por colaborar com Pinochet, de quem foi ministro da Fazenda.

Conheci logo um jovem economista brasileiro — Carlos Lessa, que trabalhava no Ilpes. Além de me receber como um velho amigo, embora nem nos conhecêssemos, ele era discípulo de Aníbal Pinto, diretor-adjunto da divisão de desenvolvimento da Cepal. O professor Aníbal passara alguns anos no Rio e orientara os estudos de Lessa sobre a política econômica brasileira no pós-guerra, bem como as pesquisas de Conceição Tavares sobre a substituição de importações no Brasil. Os dois trabalhos viraram pequenos clássicos.

Aníbal procurou me ajudar. Mas o curso do Ilpes começara havia dois meses e não dava para acompanhá-lo nem como ouvinte. O mesmo quanto ao curso de economia da universidade, e ele achava que não valia a pena começar do primeiro ano. Sugeriu que assistisse às suas aulas sobre desenvolvimento da América Latina no ciclo preparatório da Escolatina, um programa de pós-graduação do Instituto de Economia da Universidade, e que o ajudasse a preparar aulas, gráficos e tabelas.

Varando as madrugadas, devorei quase tudo o que havia sido escrito de relevante na Cepal e no Ilpes. Por conta própria, mergulhei nas séries históricas e nas análises de contas nacionais. Recolhia dados sobre toda a América Latina, fazia comparações e buscava entender por que, e em que condições, as economias tinham desempenhos tão diversos. Eram estudos interessantes, até porque prescindiam de grandes enquadramentos teóricos, que eu não tinha, e me permitiam fazer pequenas descobertas e chegar a conclusões próprias.

Quando avancei no conhecimento teórico, tinha em mente números e pesquisas empíricas para arriscar algumas ideias e duvidar de outras. Passei a implicar, por exemplo, com as teses contrárias às tecnologias poupadoras de mão de obra, que gerariam menos empregos. Achava que não levavam em conta o efeito de encadeamento dos avanços tecnológicos por toda a economia. E ignoravam o fato de que progresso técnico vem, no mais das vezes, embutido nos bens de capital. Minha crítica soava como heresia, tal era a urgência em criar empregos, mesmo que fossem como os de ascensorista ou cobrador de ônibus. Mas a melhor forma de gerar empregos, eu pensava, era ter mais investimentos e crescer com rapidez. Constranger novas tecnologias equivalia a segurar o desenvolvimento de forças produtivas, um contrassenso.

Para garantir a subsistência, dava aulas particulares de matemática. Por meio delas, descobri que o ensino médio chileno era bem melhor que o brasileiro — e desde então o aprendizado de matemática aqui só fez piorar.

Aproveitei também um seminário que Carlos Lessa fez só para mim, por pura generosidade (e talvez por curiosidade a meu respeito), sobre um livro de Paul Sweezy, *Teoria do desenvolvimento capitalista*, até hoje uma das melhores exposições universitárias sobre a economia marxista. Sweezy era formado em Harvard, fora discípulo dileto de Joseph Schumpeter e dominava a economia convencional. Aderiu plenamente ao marxismo quando já era um economista de enorme respeito.

Nossas reuniões, semanais e noturnas, foram inesquecíveis em mais de um sentido. A cada capítulo, a cada conceito, alongávamo-nos horas em discussões. Lessa fumava como um turco e eu não tinha a petulância de reclamar. Em todos os encontros, havia a pausa para um magnífico jantar. Eu absorvia conhecimento e nicotina, alimento e amizade. Ele me deu de presente um livro de Schumpeter, o fascinante *Capitalismo, socialismo e democracia*, que me serviu de introdução ao economista mais refinado do século XX, o que melhor captou a essência do desenvolvimento no capitalismo: inovação, destruição criadora e instabilidade cíclica no curto, no médio e no longo prazos.

Schumpeter publicou seu livro mais importante aos 29 anos de idade — *Teoria do desenvolvimento econômico* — e tinha a inquietante ideia de que a criatividade intelectual decaía a partir dos trinta. Ou se fazia uma grande contribuição até esse limite de idade, ou então vinha o corvo de Poe repetir: "Nunca mais." Sua megalomania —

totalmente justificada — transparecera quando jovem, na sua terra natal: ele afirmava que pretendia ser o maior economista do mundo, o melhor cavaleiro da Europa e o mais refinado amante de Viena. Bem mais tarde, já professor em Harvard, inquirido sobre as pretensões juvenis, respondeu que só duas tinham se cumprido, mas não disse quais. Deu a entender, porém, que conhecera um cavaleiro que talvez se equiparasse a ele...

Depois da pensão para estudantes, aluguei um quarto num bairro mais próximo do trabalho, da faculdade e das casas de brasileiros. Comia todo o santo dia um ensopado típico da cozinha chilena, a *cazuela*. Com o devido respeito ao grande povo, e eterno reconhecimento ao Chile pela acolhida: era um prato gorduroso, repleto de pimentões indigestos e fios insidiosos de cebola. Para escapar disso, e ter boa companhia, frequentava as casas de Plínio de Arruda Sampaio e de Paulo de Tarso Santos. Era sempre bem recebido pelos adultos e festejado pelas crianças — umas dez ou onze no total, todas pequenas e encapetadas. Quando Almino Affonso montou casa própria com a família, acrescentou-se outro ponto de alimentação, e mais quatro crianças. Os números mostravam a falácia da ideia de que a alta fecundidade no Brasil se devia aos pobres.

Outro ponto de nutrição, afeto e inteligência era a casa de Babi e de meu amigo Paulo Alberto Monteiro de Barros, que haviam trocado La Paz por Santiago.

Organizamos um seminário sobre o Brasil. Compareciam às reuniões semanais os três ex-deputados federais, Paulo Alberto, que fora cassado como deputado estadual da Guanabara, e técnicos experientes como Jader de Andrade, da Sudene, e Jesus Soares Pereira, um assessor de Getúlio Vargas que sabia tudo sobre os grandes projetos de infraestrutura dos anos 50. As perseguições que os dois, Jader e Jesus, sofreram são exemplares da mesquinharia política do regime militar que se instalara.

Dois intelectuais davam o tom do seminário: Fernando Henrique Cardoso e Francisco Weffort, ambos do Ilpes. Eles tinham interpretações sociológicas e históricas sobre o golpe, e pouco se atinham aos atores políticos individuais. Eram verdadeiras aulas sobre o Brasil pós-30.

A interação entre intelectuais, políticos de porte e técnicos tarimbados tornava cada reunião fecunda. Eu adotava o comportamento de um aluno de boas aulas: prestava atenção, anotava tudo e sempre tinha perguntas. No íntimo, indagava-me: se não fosse o exílio, onde teria um aprendizado desse quilate?

Na esteira das reuniões, li tudo o que ambos os sociólogos escreveram. Impressionou-me em especial *O empresariado industrial e o desenvolvimento econômico*, de 1964, no qual Fernando Henrique Cardoso desmontava as teses do PCB sobre a força e o papel da burguesia nacional como demiurgo do desenvolvimento. A última frase do livro deixava a pergunta: "subcapitalismo ou socialismo?"

Acompanhei as diferentes versões de seu trabalho sobre a dependência até a última, que teve Enzo Faletto como coautor. É o livro maior, bem mais sofisticado do que toda a literatura posterior sobre o tema, tão abundante quanto ociosa, sobretudo quando tentou servir de base para a ação revolucionária de organizações de esquerda.

Minhas dificuldades financeiras no primeiro ano chileno chegaram a um ponto crítico. Meu emprestador de última instância, o *lender of last resort*, era Almino Affonso, apesar de sua condição econômica franciscana. Eu vivia inadimplente, mas nunca declarei moratória. Saldei as dívidas com atrasos, embora ele nunca cobrasse.

Uma das atividades para a qual Almino me fazia adiantamentos era o curso de ioga que seguíamos com Paulo Alberto, Weffort e dois outros amigos. As aulas deixaram evidente como me era difícil, quase impossível, desplugar da tomada. Depois de uma hora de *asanas*, de muito alongamento e respiração pausada, chegava a hora de, sob a orientação zen do professor, esquecer-se por completo do mundo e de si: relaxar. Mais de uma vez, colegas dormiram pesado, apesar da proibição, e ressonaram feito ursos. Já eu não parava de pensar na deglutição da saliva ou noutras bobagens, aniquilando qualquer chance de relaxar. O nirvana me está tão distante quanto as neves eternas do Himalaia.

No fim do ano, consegui uma função remunerada pelo governo chileno. Virei coordenador do grupo que preparava uma campanha de alfabetização de camponeses, quase todos de origem indígena, na província de Arauco, no sul. Seria utilizado o método Paulo Freire, que também se exilara no Chile. Embora só o conhecesse de conversas curtas, da época em que Paulo de Tarso Santos era ministro da Educação, conversamos com frequência no meu primeiro ano em Santiago — eu namorava sua filha Madalena, que concluía o ensino médio.

Por essa via esdrúxula, familiarizei-me com seu método de alfabetização. Passei dez dias em Arauco, coordenando uma equipe de professoras. Conheci a cultura local, conversei com camponeses e pesquisei as palavras-chave do vocabulário nativo, relacionadas com objetos e situações do cotidiano. Acompanhei as jornadas de trabalho e a vida doméstica de muitos deles. E vi como funcionava o sistema político.

Quem nos recebeu e nos acompanhava ao trabalho, dirigindo o próprio carro, era o intendente, a principal autoridade da província, nomeado diretamente pelo presidente da República. Só então me dei conta de que o Chile não era uma federação, e portanto mais fácil de governar, o que só era possível pelas dimensões do país: um vinte avos do território brasileiro e quase um décimo de nossa população.

Numa extensão continental como a nossa, o sistema unitário seria inviável. Passei então a brincar com a ideia de "tamanho ótimo" de país — qual seria aquele que, dadas certas condições de desenvolvimento, seria o mais adequado para a governabilidade?

Depois da preparação do material em Santiago, não acompanhei a alfabetização propriamente dita. Apesar disso, conheci a vida e o trabalho dos camponeses pobres — que tinham um padrão bem superior ao de seus equivalentes no Brasil.

Nenhum Vietnã nas Américas

No trem para Santiago, conheci um alfaiate chileno. "Alfaiate? Vou procurá-lo logo." O motivo era singelo e urgente. Trouxera roupas de meu pai e precisava estreitar paletós e camisas. Fui ao *sastre* uma semana depois de chegar à cidade.

Levei as roupas à noite, quando caminhei com Paulo Stuart Wright pela Calle Agustinas, no centro velho. Um ano se passara desde a nossa última conversa, em Botafogo, na Embaixada da Bolívia. Agora, ele acabara de regressar de Cuba, onde fizera cursos de formação político-militar. Apontando o San Cristóbal, a pequena montanha situada dentro de Santiago, tentava me mostrar como seria penoso para uma tropa convencional cercá-la e tomá-la. Já um punhado de guerrilheiros, espalhados pelo monte, teria grande mobilidade e organizaria ataques eficazes.

Paulo falava como que citando seus professores, sem responder com convicção aos meus reparos. Como os focos de guerrilheiros seriam abastecidos? Carregariam comida nas costas? Dormiriam ao relento ou montariam barracas? Argumentei que as Forças Armadas não seriam pegas de surpresa. Iriam se infiltrar entre a população, premiariam delatores, usariam guias nativos e helicópteros de último tipo. Mesmo que os guerrilheiros sobrevivessem, como conquistariam o poder? Cuba era uma coisa, e o Chile, outra.

E num país imenso e industrializado como o Brasil? Além disso, onde estava a mobilização popular? Parecia-me claro que havia insatisfação, mas nem sinal remoto de levantes e insurreições.

Paulo Wright parecia dividido. Contou-me que, durante um dos cursos, apresentara objeções e dúvidas sobre a estratégia militar ensinada, deixando os cubanos incomodados. Na caminhada em direção à casa do alfaiate, falou-me do tempo em que fora operário na Sofunge, indústria metalúrgica de base na Lapa, em São Paulo. Defendia que a AP designasse militantes para trabalhar em fábricas, a fim de viverem no mundo dos trabalhadores e organizarem suas lutas. Paradoxalmente, trazia de Cuba fórmulas de explosivos, datilografadas em papel de seda. Perguntou-me como deveria fazer para levá-las ao Brasil. Respondi com outras perguntas:

— Paulo, você fazendo bombas? Não combina. E que tipo de ações vai fazer? É um suicídio político. E se for preso com isso? Quem garante que não está sendo monitorado?

— Os companheiros não acham que estou sendo seguido. Eles fizeram um caminho de volta de Cuba menos seguro, e deixaram as fórmulas comigo. Eu me comprometi a levá-las ao Brasil. Se não fizer isso, eles vão dar razão aos cubanos, que chegaram a insinuar que sou agente da CIA. Mas você sabe que sou contra terrorismo.

Irritei-me. Disse-lhe algo como:

— Essa estratégia cubana não tem cabimento. Nossas ações deveriam se concentrar na luta de massas. O movimento estudantil está pronto para reacender, a lei Suplicy de Lacerda [que interditava as entidades estudantis] é um alvo perfeito. Há o arrocho salarial e a repressão aos sindicatos, e isso permitirá mobilizar os trabalhadores.

Acho que temos de participar das eleições, por piores que sejam as restrições, e denunciar o que está acontecendo no Brasil. Falar o que for possível pela imprensa. É o que dá para fazer agora.

Poucos meses depois, o presidente Castelo Branco se comportou como um ajudante de ordens do presidente norte-americano, Lyndon Johnson, e enviou tropas brasileiras para invadir a República Dominicana. Até dois anos antes, o pequeno país padecera sob a ditadura de Rafael Trujillo. O filme *No tempo das borboletas*, baseado na história das irmãs Mirabal, mostra sem exageros a brutalidade da ditadura *trujillista*: três irmãs, duas delas ativistas na resistência ao regime, são espancadas e assassinadas à beira de uma estrada.

Seis meses depois da chacina, foi a vez do ditador ser morto a tiros. Mario Vargas Llosa recriou o episódio num romance notável, *A festa do bode*. O livro expõe o funcionamento do regime e seu caráter corrupto. E lida com temas centrais da política: lealdade *versus* traição, o poder impoluto *versus* os meios sujos para chegar a ele. Para acomodar uma coisa à outra, no entanto, conspiradores invocam São Tomás de Aquino: "A eliminação física da Besta é bem vista por Deus se com ela se libera um povo."

Em 1963, foram realizadas eleições livres na República Dominicana, vencidas por Juan Bosch, escritor que hoje seria visto como um pacato social-democrata. Com apenas sete meses de governo, porém, ele foi derrubado por um golpe. Passaram-se dois anos e veio o contragolpe, também militar, para repô-lo na Presidência.

Johnson, então, quis acabar com a instabilidade pela força. Mandou quarenta navios da marinha e 42 mil soldados e fuzileiros para invadir um país de 3 milhões de habitantes. O Brasil colaborou com mais de mil homens, seguindo o exemplo edificante de Honduras, Nicarágua, El Salvador e Paraguai — quatro ditaduras vulgares.

Foi das poucas vezes que senti vergonha de ser brasileiro. Não havia guerrilha na República Dominicana. As empresas americanas, e muito menos a propriedade privada, não estavam ameaçadas de verdade. Mesmo assim, houve a invasão.

No começo de 67, Betinho apareceu em Santiago. Havíamos nos encontrado antes na França, durante apenas uma noite, quando viajava a Cuba a fim de pedir auxílio para a guerrilha do grupo de Brizola, de cujo comando ele e Aldo Arantes faziam parte. Combinamos que não falaríamos o tempo todo sobre política, até para não ficarmos empatados nas discordâncias sobre a estratégia guerrilheira. Não me sentia à vontade para, do exterior, debater com profundidade as mudanças dentro da AP, enquanto amigos e companheiros que a defendiam corriam riscos no Brasil. Nas discussões, deixava claro que discordava da guerrilha, mas não me estendia em polêmicas.

O apartamento onde hospedei Betinho ficava no terceiro andar de um prédio sem elevadores, e as escadas maltratavam seus joelhos inchados. Ele teve de ficar imobilizado alguns dias, no calor seco do verão chileno. Mesmo assim, paquerava pela janela uma babá do apartamento vizinho. Ao melhorar, levei-o a conhecer Francisco Weffort, que escrevera um artigo interessante sobre a AP, vendo-a como o embrião de um partido reformista heterodoxo, com apoio na classe média.

Tempos depois, Betinho voltou a Cuba, passou um ano lá, retornou a Santiago e novamente ficou em minha casa. Fora nomeado o representante brasileiro na Organización Latinoamericana de Solidaridad, a Olas, o aparelho castrista que tentava disseminar a guerrilha no continente.

Che Guevara, porém, sucumbiu na Bolívia precisamente na época em que Betinho chegou a Havana. O foco guerrilheiro que acenderia, nas suas palavras, "um, dois, três, quatro Vietnãs na América Latina" naufragara de maneira wagneriana. O diário de Che na Bolívia, que um oficial local fez chegar a Cuba, é o testemunho mais completo do irrealismo da estratégia que ele e Fidel Castro haviam codificado para a revolução na América Latina. Isolados, os guerrilheiros eram vistos com desconfiança pelos camponeses a quem queriam "libertar". Armado e orientado pela CIA, o Exército boliviano os dizimou facilmente.

Talvez por isso mesmo, Betinho ficou quase um ano em Havana sem participar de nenhuma reunião da Olas, tampouco recebeu explicações sobre o que estava ocorrendo. Por isso, decidiu voltar ao Brasil, passando novamente por Santiago, rumo a São Paulo. Mesmo com hemofilia, sem poder sangrar, foi trabalhar como operário numa fábrica de porcelana...

No começo de 1972, voltaria ao Chile, dessa vez para morar. O perigo de ser preso o impeliu a sair do Brasil. Distanciara-se da AP porque a organização se aproximava do maoismo e do Partido Comunista do Brasil.

Morou um bom tempo em nossa casa, de onde saiu para um pequeno apartamento. Ajudei-o na compra dos móveis e no aluguel, até ser contratado como pesquisador na Flacso. Ativista nato, queria fazer coisas práticas, organizar. Criou um instituto para promover debates e oferecer cursos a exilados. Sugeri o nome, anódino do ponto de vista político — Instituto de Estudios Sociales y Económicos —, para deixar explícito que não se tratava de um comitê de luta revolucionária, e sim de um centro de estudos.

Eu me preocupava cada vez mais com a segurança dos exilados. A edição do AI-5 e a fase que o seguiu aumentaram em cerca de vinte vezes o número de asilados em Santiago. Era lógico, portanto, que agentes da ditadura tivessem se infiltrado na colônia de refugiados. Se houvesse um golpe no Chile, milhares de estrangeiros exilados correriam perigo

Betinho não temia um golpe. Propôs que comprássemos juntos um terreno no bairro de La Reina, mais próximo da Cordilheira, numa área semiurbanizada, mas com boa chance de se valorizar no futuro. Seu instinto de corretor de imóveis estava certo, como se demonstrou nas décadas subsequentes. O terreno era barato, apesar de ocupar um hectare, e adiantei o dinheiro ao advogado do loteamento, um tipo que se chamava Manoel Ossa.

O golpe de Pinochet, contudo, veio antes da escritura, e Betinho guardara apenas um pequeno recibo, do qual não constava nem o equivalente ao nosso "firma reconhecida". Como nenhum dos dois podia sequer se aproximar do dr. Ossa, um advogado de minha confiança foi atrás dele. O bacharel vigarista então negou que tivesse recebido qualquer pagamento e perdemos o terreno.

Minha preocupação com a segurança refletia o que se passava no Brasil. Quem me alertou para a mudança de qualidade da repressão brasileira foi Paulo Wright, em 1969. Ele transmitiu uma realidade que eu desconhecia em toda a sua extensão: a intensificação da prática de tortura e assassinatos, de forma sistemática e planejada. Havia licença para massacrar até mesmo organizações que não chegaram a praticar diretamente a luta armada (a AP, por exemplo), ou que a ela se opunham (como o PCB).

A ideia de que a ditadura retaliava apenas quem fazia ações armadas é um mito. Os maus-tratos e mortes se prolongaram até bem depois do recuo ou do desaparecimento das organizações guerrilheiras. Em 1976, em pleno governo Geisel, o delegado Sérgio Fleury organizou o assassinato de dirigentes do PCdoB durante uma reunião na Lapa, em São Paulo.

O que o regime queria, a pretexto de enfrentar o "terrorismo" e o "comunismo internacional", era se preservar por um largo período. Pretexto que vários dos grupos armados ofereceram, com ações pontuais sem sentido e manifestos grandiloquentes

Paulo Stuart Wright veio a ser morto sob as piores torturas, constando na lista dos "desaparecidos". Outros dois membros da AP com quem me avistei em Santiago também viriam a ser assassinados: Rui Frazão e José Carlos da Matta Machado. Da minha geração e meu amigo, Frazão desapareceu em maio de 1974, depois de preso em Petrolina. Não conhecia Matta Machado, da geração seguinte, mas em poucos dias fizemos amizade. Insisti no risco que corria no Brasil e constatei, surpreso, dispor de mais informações do que ele sobre a repressão política.

José Carlos foi preso em São Paulo, em 1973, e morto uma semana depois, no Recife. A explicação dada pelos órgãos de repressão foi grotesca: fora vítima de um tiroteio na rua ao chegar num ponto de encontro.

Juntei-me a Almino Affonso e Ulrich Hoffmann, engenheiro demitido da Sudene e militante do Partidão, para criar o Comitê de Denúncia à Repressão no Brasil. Participaram dele Plínio Sampaio, Francisco Whitaker Ferreira e Márcio Moreira Alves, que não ficou no Chile por muito tempo.

Nossa prioridade era fazer uma versão em castelhano dos boletins da Frente Brasileira de Informações, criada em Paris. Queríamos também que o Tribunal Bertrand Russel fizesse uma sessão para julgar os crimes da ditadura. E escreveríamos um livro relatando casos de tortura e desaparecimento, seguidos de uma análise do regime militar e da sua política de repressão.

A partir de 1971, os boletins da Frente passaram a ser redigidos inteiramente no Chile, e só foram interrompidos pelo golpe de Pinochet. A sessão do tribunal ocorreu. E o livro foi publicado, em espanhol e francês, com o pseudônimo de Rodrigo Alarcon: *Brasil, repressão e tortura*.

O poeta Thiago de Mello encarregou-se da parte gráfica e da impressão. A capa reproduzia a cena da tortura medieval com a qual a revista *Veja* abrira uma corajosa reportagem. Quando cheguei ao

Chile, Thiago era adido cultural da Embaixada brasileira. Casado com uma chilena, morava numa casa de Pablo Neruda, ao pé do Cerro San Cristóbal, e acolhia fraternalmente os exilados. Retornou ao Brasil, envolveu-se na luta contra o regime e pouco depois estava de novo em Santiago, agora como refugiado político.

Recebi vasto material de denúncias vindo do Brasil, trazido por Gladis Brun, sobrinha do general Ednardo D'Ávila Mello, um come-abelha que viria a ser comandante do Segundo Exército e chefe da repressão em São Paulo. Ela não era exilada, nem sequer militante ativa. Apenas estudava no Chile, mas valentemente trouxera o material em páginas de papel de seda escondidos num buraco dentro de um livro grosso.

As pessoas que encaminharam o material ao Chile e à Europa foram descobertas, acusadas de "denegrir a imagem do Brasil no exterior" e perseguidas. Uma delas, o diplomata Miguel Darcy, lotado em Genebra, foi demitido do serviço público. Outros organizadores do dossiê se exilaram. Para o Chile foram Mário Pedrosa, o fundador da crítica de arte de vanguarda no Brasil, e a jornalista Tetê de Moraes. Uma doce figura humana, Pedrosa montou em Santiago o Museu de Solidariedade, e recebeu doações de Picasso, Miró e vários outros artistas.

Com Anísio Teixeira e Caio Prado Jr.

Graças a Aníbal Pinto, consegui matricular-me no Ilpes no meu segundo ano de Chile. Como não fui indicado pelo governo brasileiro, não podia ganhar uma bolsa, mas o instituto me convidou a dar aulas de Introdução à Matemática a meus próprios colegas.

Os alunos-colegas sempre lembravam, às gargalhadas, duas de minhas exortações: os apelos (infrutíferos) para que ninguém fumasse;

e a defesa da preguiça. Para ser bom em álgebra, eu argumentava, era preciso ter preguiça: quem memorizasse as regras básicas, e prestasse atenção a cada passo, resolveria os problemas em menos tempo, com pouco esforço e sem cansar.

Ao passar um exercício, dizia no meu castelhano: *Ahorren tiempo poniendo toda la atención y haciendolo bien. Asi tendrán tempo para salir y fumar.*

Recebi um ótimo salário durante quatro meses, suficiente para manter-me o resto do ano. Além disso, ganhava algo na Escolatina como assistente de Aníbal. Eu organizava seminários para repassar as aulas e, quando o mestre viajava, substituía-o. Preparava minuciosamente a exposição dos temas, aterrorizado por ter de falar a economistas, alguns argentinos e uruguaios, sempre preparadíssimos.

As horas de trabalho eram longas e intensas. As de sono, exíguas, deixavam-me de mau humor. Como morava a cem metros do Ilpes, pulava da cama às dez para as oito e, de óculos escuros, entrava na sala de aula as oito em ponto. Quando o professor era monótono, os olhos crepitavam como brasa. Dividia um apartamento com Francisco Biato, que trabalhava na Cepal no Rio, e Cláudio Salm, também carioca, um economista com enorme talento para escrever curto e bem. Ele tentou me ensinar a dormir: na noite seguinte à que se passava em claro, era preciso resistir ao sono, tomar vinho ou cerveja, conversar sobre bobagens, demorar a deitar, e então ler um livro interessante, até finalmente cair no sono, apesar de todo esforço em contrário. Embarquei na ideia. Não deu certo: até hoje, só consigo dormir depois de muito esforço; se tento ficar acordado, acordado fico.

Foi nesse apartamento que revi Leon Hirszman, que conhecia do Centro Popular de Cultura da UNE. Ele continuava esbanjando inquietação e criatividade. Namorava Liana Aureliano, como ele militante do PCB, que deixara o Brasil para não ser presa e estudava na

Escolatina. Ela tinha um hábito que me fascinava: tomava água sem gelo em xícaras grandes, aos poucos, como se estivesse saboreando um chá fumegante e delicioso.

Hospedou-se lá também Eduardo Coutinho, cineasta como ele, tímido, apaixonado em vão por uma chilena socialista e deslumbrante, amiga de Liana. Ele e Hirszman articulavam a montagem de um filme com três episódios, *El ABC del amor*. O terceiro episódio foi dirigido por Coutinho.

Rindo, e procurando com os olhos a aprovação geral, Leon vivia repetindo: "José Serra, quando tomarmos o poder eu vou te ajudar a ser presidente ou ministro da Justiça, mas você não vai me prender logo depois. No dia da posse, você me nomeia adido cultural em algum país da América Central."

Entre os exilados, o trabalho mais inusitado era o de Paulo Alberto. Ele apresentava um programa de música numa rádio que começava assim: *Buenas tardes a todos ustedes. Con este castellano mal hablado...* Eu tinha horror a essa abertura, mas ele achava graça e os chilenos gostavam. Fez também um programa de entrevistas na televisão no estilo de *Preto no Branco*, que Fernando Barbosa Lima criara no Rio. Nele, o vozeirão à Sargentelli inquiria o entrevistado, que respondia de pé, sozinho, no meio do estúdio. No modelo chileno, o entrevistado sentava num banquinho, o que não aliviava muito o seu constrangimento.

Na casa de Paulo Alberto e Babi, conheci o professor Anísio Teixeira, pai dela. Talvez o homem mais importante para a educação brasileira na primeira metade do século XX, era franzino e recatado. Tinha a voz fraca, estava sempre calmo e pronto para conversar. Como era reitor da Universidade de Brasília, seu nome entrara nas primeiras listas de demissões. Conhecer a inteligência e a afabilidade de Anísio Teixeira reforçou meu pessimismo a respeito do regime que se instalara no Brasil. Prescindir dele era uma estupidez.

Dr. Anísio morreria em 1971. Sem nenhum motivo, desapareceu um dia de casa. Embora não tivesse qualquer atividade política, a família teve indícios de que fora preso pela Aeronáutica. Dois dias depois, seu corpo foi encontrado no poço do elevador do prédio onde morava, no Rio. Jamais se soube se morreu em razão de uma queda ou se foi morto e posto lá.

Outro episódio que me deu engulhos envolveu o historiador Caio Prado Jr. Eu o conhecera numa salinha do Grêmio Politécnico, aonde viera falar sobre materialismo histórico e dialético. A reunião era promovida por estudantes comunistas, mas não havia mais de dez na sala. Não entendi muito do que ele disse, mas fiquei comovido pela sua disposição em passar uma noite inteira ensinando meia dúzia de gatos-pingados.

Filiado ao PCB, Caio Prado tinha independência intelectual, era rigoroso e criticava teses caras ao partido. Reencontrei-o no Chile, onde se refugiou de perseguições políticas. Retornou logo ao Brasil e deu uma entrevista a um jornal estudantil na qual disse que, em determinadas circunstâncias históricas, a luta armada se justificava, mas não naquele momento.

Foi o que bastou. Aos 64 anos de idade, foi detido e condenado a dois anos de prisão. Cumpriu a pena.

Nunca estudei tanto em minha vida como naquele período. Para ser admitido na Escolatina, tive de prestar exames de micro e macroeconomia, estatística e matemática, equivalentes a cinco anos da Escola de Economia da Universidade do Chile. Se passasse, seria aceito no primeiro ano do ciclo avançado. Se não, nada.

A fim de preparar-me, fechei-me durante dois meses no apartamento. Dormia seis horas e ficava acordado vinte; ou seja, todo o dia ia dormir duas horas mais tarde, e a cada doze completava a rotação. Não tinha tempo nem para ir comprar uma caneta esferográfica nova, de modo que usava uma velha, de cor verde, com a qual escrevia fichas intermináveis.

Memorizei coisa à beça e tirei a nota máxima nos quatro exames. Fui admitido e tive direito a uma bolsa e ao pequeno salário de assistente de Aníbal Pinto. Meus colegas eram aqueles a quem havia dado seminários (e notas) no ano anterior. A turma, altamente competitiva, não chegava a quinze alunos. Seis eram argentinos, três deles portenhos, que evidentemente disputavam entre si o posto de melhor da classe.

Tive, como professor de história econômica, Rondo Cameron, natural do Texas. Com pesado sotaque, ele falava um espanhol claudicante. Não era um reacionário empedernido, mas no físico e na linguagem não verbal se assemelhava a alguns daqueles militares guerreiros do filme genial de Stanley Kubrick, *Dr. Strangelove*. Aprendi muito com o texano, pois só lera livros de história econômica de autores marxistas que, mesmo quando bons, tendiam a aplicar sínteses prontas, que liquidavam a curiosidade do estudante para eventos não previstos. Foi quando comecei a acreditar que não há história sem excentricidades.

Casado e com febre na Era de Aquarius

No final de 1966, na festinha de aniversário de uma amiga, conheci Monica Allende, que integrava o Balé Nacional da Universidade do Chile. Sempre fora fascinado por dança, e fiquei mais ainda por ela. Um ano depois, nos casamos. A cerimônia, bem simples, foi numa capelinha dos jesuítas no centro da cidade. A soma dos salários de um professor em tempo parcial e de uma bailarina só dava para pagar o aluguel do térreo de uma casa, de 70 metros quadrados e mobília barata, no bairro de Providência.

Aprendi ao longo dos anos como funciona uma companhia de balé — os hábitos, a alma, as disputas entre as bailarinas. Elas trabalham duro todos os dias úteis, fazendo o *training* estejam ou não ensaiando alguma coreografia. O sedentarismo é execrado, e as moças não param de se exercitar. Descobri também, um tanto escandalizado — a revolução dos costumes de 1968 ainda não explodira —, que bailarinas e bailarinos convivem tanto no dia a dia do trabalho que andam com pouca ou nenhuma roupa umas diante dos outros, e vice-versa.

Três coreografias me marcaram fundo. *Mesa verde* nunca foi montada no Brasil. É uma junção de balé clássico com dança expressionista do alemão Kurt Jooss. Libelo antibélico, foi composto no entreguerras e mostra tanto a carnificina dos combates como a hipocrisia das conferências de paz. A morte, encarnada num bailarino, está presente no cenário durante todo o tempo. No original, o papel era do próprio Jooss.

O outro espetáculo foi *Carmina Burana*, oratório cuja coreografia e montagem de Ernst Uthoff estiveram à altura do gênio musical de Carl Orff e dos poemas e dramas anônimos recolhidos na Idade Média. Tive o orgulho secreto de ter o filho de Uthoff como aluno na Faculdade de Economia. Nessa coreografia, Monica fez o papel da rainha da Fortuna.

A terceira peça inesquecível foi *O pássaro de fogo*, de Stravinsky, extremamente criativa, com o genial e dificílimo papel para a bailarina que encarna o pássaro.

Dezessete meses depois do casamento, nasceu Veronica, com três quilos. Já era linda. Teve icterícia, resultado de alguma combinação imprópria do sangue dos pais. A solução foi trocar todo o sangue —

um dos doadores aptos foi Edmar Bacha, que estava passando um tempo em Santiago. Torci para que o segundo filho fosse homem, e deu certo. Luciano nasceu em meados de 1973.

Éramos vizinhos do professor Ernani Fiori, filósofo católico da Universidade do Rio Grande do Sul. Por que raios um pacato professor de filosofia, muito mais um ideólogo do que militante político, deveria ser estupidamente perseguido? — eu me perguntava. Dona Ilda, casada com ele, tinha uma especialidade que me fazia voltar à casa deles sob qualquer pretexto: sabia fazer fios de ovos!

Numa noite, um dos filhos dos Fiori, José Luís, trouxe à minha casa Paulo Renato de Souza, que vinha estudar na Escolatina. Instalara-se numa pensão ali perto, com Giovana e a primeira filha deles, Tetê, ainda um bebê. Foi o começo de uma amizade profunda e longa, que se desenvolveu em diferentes cenários até que ele se foi, prematuramente, quatro décadas depois.

Quando estava no auge do esforço de estudo e trabalho, recebi a notícia de minha condenação, à revelia, pela auditoria militar de São Paulo. A pena era de três anos de prisão. O motivo? Afora a alegação de que era subversivo, nunca soube mais nada, nem fiz muita questão de saber, nem mesmo quando ocupei posições no Legislativo e no Executivo no Brasil. Não queria cultivar meu ressentimento com o regime de 64, nem sobrevalorizar o que passei diante da brutalidade incomensuravelmente maior que se abateu sobre amigos e companheiros.

Certa vez, porém, décadas depois, em uma solenidade qualquer, aproximou-se de mim um cidadão dizendo que fora o promotor que apresentara a denúncia contra mim no Tribunal Militar e pediu minha condenação. Desculpou-se por ter errado. Só isso? Não estávamos num ambiente que me permitisse dar-lhe um forte empurrão de surpresa, como se fazia na Mooca da minha infância. Apenas lhe disse: "O senhor não sente vergonha de ter obedecido a uma ordem para denunciar-me sem qualquer base factual e jurídica? E ainda mais à revelia?" Afastei-me sem esperar resposta.

O Brasil estava de portas fechadas e, na mesma época, em 1966, a Argentina se descarrilhou de vez. Foi derrubado o presidente Arturo Illia, para desalento de todos os exilados brasileiros em Santiago. País mais desenvolvido da região, a Argentina era a minha segunda pátria: além dos familiares pelo lado de meu pai, minha avó materna era de lá.

Como ela nunca falou português de verdade, aprendi castelhano desde o berço. Ela me criou cantando "Mi Buenos Aires querido", "Volver" e tantas maravilhas de Carlos Gardel. Fico sem graça quando brasileiros torcem contra o time da Argentina mesmo quando o Brasil não está na disputa.

Arturo Illia era um democrata. Durante seu governo, a economia e o emprego cresceram razoavelmente. Apesar de antigo opositor dos peronistas, permitiu sua participação nas eleições de 1965, pela primeira vez desde que *El Jefe* fora derrubado, dez anos antes. Tivera a decência de se recusar a enviar tropas para a invasão da República Dominicana.

Os dois gestos lhe criaram problemas no meio militar e com os Estados Unidos. Foi destituído e substituído por um general bem energúmeno, Juan Carlos Onganía, cujo vasto bigode lhe dava a aparência de morsa. Ele interveio na Justiça, censurou a imprensa, dissolveu o parlamento, proibiu greves, invadiu universidades e administrou mal a economia.

Era tão reacionário que proibiu o uso de minissaias pelas moças e de cabelos compridos pelos rapazes. Em 1970, foi derrubado por outra quartelada, substituído por um general que também seria derrubado, por sua vez trocado por um terceiro general. Este último teve que permitir a volta de Perón do exílio e não pôde impedir sua eleição para a Casa Rosada.

El Gran Conductor morreu um ano depois, sendo sucedido por sua viúva, a vice-presidente Isabelita, inepta para governar. O país foi engolfado pela inflação sideral e por paramilitares anticomunistas, guerrilheiros esquerdistas e facções peronistas que se digladiavam às cegas.

Isabelita caiu em 1976. Um general tosco, de bigode mais preto e basto, Rafael Videla, ocupou a Presidência e comandou a mais sanguinária ditadura da história argentina. Ele mesmo admitiu ter sido o responsável, em quatro anos, pela morte e desaparição de 8 mil pessoas, quase vinte vezes mais que o regime brasileiro em vinte anos.

Era esse o ambiente em que vivíamos — "som e fúria significando sangue", invertendo a imagem de Shakespeare.

Paradoxalmente, eram os anos 60, tempo de explosão libertária, da Era de Aquarius, do pacifismo, da contestação da caretice, da vida alternativa e em comunidade, do LSD, de Woodstock e dos hippies — um tempo bom para ser jovem.

O *annus mirabilis*, 1968, no entanto, não foi particularmente esfuziante no Chile. De meu ponto de vista, o evento mais importante do ano, e o mais traumático, não foi o maio francês, e sim a invasão da Tchecoslováquia, em agosto, pelas tropas do Pacto de Varsóvia, que acabou abruptamente com a Primavera de Praga, o sonho de somar socialismo e liberdade. Foi uma réplica atenuada da invasão da Hungria, doze anos antes. Assim, em vez de ser enforcado como o líder húngaro Imre Nagy, Alexander Dubcek, o secretário do Partido Comunista Tcheco, foi preso, levado a Moscou e obrigado a abjurar a rebeldia.

Naquele momento, a unanimidade da rejeição mundial à agressão soviética foi tão ampla quanto a do repúdio à agressão americana ao Vietnã. O mundo mudava: greve geral na França, vitórias vietnamitas sobre o país mais poderoso do mundo, crise mundial do sovietismo.

No plano dos costumes, os anos 60 foram de mudanças aceleradas e agudas, que pegaram a juventude em cheio. Não as vivi plenamente — era jovem, mas estrangeiro e exilado, estava casado e tinha uma filha pequena. Havia também a questão do temperamento e do momento pessoal. Nem naquela época tomei drogas. Era um realista que não gostava de perder o controle de si mesmo. Passara também por um período de incertezas e queria ter uma profissão, criar família, enraizar-me. Vivi a interessante experiência de fazer psicanálise — o que não me modificou, mas me tornou menos fechado e me ajudou a conviver melhor com meus atributos, virtudes e defeitos.

A meta principal era voltar ao Brasil quando fosse possível, ser professor universitário e retomar a ação política com vontade e maior qualificação. Ambicionava tornar-me o político brasileiro mais preparado de minha geração.

Concluí a pós-graduação em 1968, e dividi com um economista argentino a maior nota da classe, mas o programa de bolsas para doutorado no exterior, que beneficiava os melhores alunos, foi suspenso. Fui contratado então pelo Instituto de Economia da Universidade do Chile e assumi o curso de pós-graduação sobre Estruturas e Modelos de Desenvolvimento da América-Latina, até ali ministrado pelo professor Aníbal Pinto. Alternava o curso com outro, de História do Pensamento Econômico, do qual virei professor.

Minha paixão era ler (e fazer os alunos lerem) os escritos originais dos grandes autores: William Petty, Adam Smith, David Ricardo, Stuart Mill, Karl Marx, Alfred Marshall, Joseph Schumpeter. Em dois semestres, dei um curso somente sobre Marx. Baseei-me nos seus escritos e em autores contemporaneos: apontei suas virtudes, limites e defeitos *vis-à-vis* a história e a própria análise econômica — enfim, uma abordagem francamente revisionista. Razão em confronto com a realidade.

O curso da Escolatina dava direito à obtenção do título de mestrado em ciências econômicas pela Universidade do Chile, mediante a apresentação de uma tese. Comecei a trabalhar no tema do padrão-ouro, aprofundando um trabalho que fizera para o professor Rondo Cameron. Pedi ao Conselho Universitário a concessão, por equivalência, do grau de bacharel em economia. Eu já era professor da graduação e da pós-graduação e participava até de bancas de mestrado. A tramitação foi lenta, repleta de exigências de atestados e certificados, mas finalmente o pedido foi aprovado. Alterei, contudo, o tema da tese. Apresentei uma análise do modelo de desenvolvimento recente no Brasil, aproveitando trabalhos que fizera durante o período. O padrão-ouro ficou para depois, isto é, para nunca, apesar de haver escrito boa parte do texto.

No segundo semestre de 68, peguei febre tifoide. Quase não chove em Santiago. O abastecimento da cidade dependia, em parte, da água proveniente do derretimento da neve na cordilheira, suscetível de contaminação por fezes de animais e utilizada para irrigar plantações.

Como proteção, todos pingavam gotas para matar bactérias nas verduras. Precavido (termo correto para um hipocondríaco sensato), eu andava com um frasquinho do mata-bactérias no bolso. Justamente num dia em que estava sem ele, porém, comi morangos na casa de amigos brasileiros. Assim, contraí a doença, que chegou com arrepios gelados na nuca, dor de cabeça intolerável e febre de quarenta graus.

Depois de uma semana de sofrimento, melhorei, mas fiquei preso na cama. Mergulhei, então, na literatura latino-americana contemporânea; na época, luminosa: *Cem anos de solidão*, de Gabriel García

Márquez; *Batismo de fogo*, de Vargas Llosa (para mim, até hoje seu melhor livro, o que não é pouco dizer); *Sobre heróis e tumbas*, de Ernesto Sabato; *O jogo da amarelinha* e os contos de Julio Cortázar, especialmente alucinantes para quem padecia de uma doença infecciosa.

Cortázar foi o único desses autores com quem estive pessoalmente. Encontrei-me com ele num parque de Santiago, ao lado do rio Mapocho, e tivemos uma conversa banal, senão tola. Como ele era imenso e volumoso, perguntei-lhe de brincadeira se tinha gigantismo. Também na brincadeira, Cortázar respondeu que não parava de crescer. Anos depois, vim a saber que era verdade.

Ainda na cama, li três grandes biografias: a de Lenin, por Gerard Walter; e as de Stalin e Trotski, de Isaac Deutscher. Aprendi que Stalin matou mais bolcheviques do que o tsar e a guerra civil juntos. Mandou assassinar o próprio Trotski, de quem Deutscher era admirador, mas se afastara por discordar da proclamação da Quarta Internacional.

As suas biografias, publicadas a partir do final dos anos 40, foram muito além da denúncia dos crimes de Stalin ou do elogio a Trotski — são marcos na compreensão da luta pelo socialismo no século XX. Até hoje mantêm a condição de clássicos, mesmo sem dispor de um centésimo das informações abertas depois do colapso da União Soviética.

Estava estirado no leito, de costas para a porta do quarto, quando ouvi as frases inesperadas, ditas num tom entre lúgubre e enfurecido, de alguém que entrava: "Ô Zezinho, teu país não tem jeito. Não tem! Eu já te disse."

Era Conceição Tavares, uma lusa cheia de brios, de pé, ao lado da cama, anunciando-me a edição do AI-5. Só consegui responder, desanimado: "Também acho." Poderia haver notícia pior?

Poderia, no plano pessoal.

Assim que me restabeleci da doença, senti de novo calafrios na nuca, a dor pavorosa na cabeça e a volta do febrão. Disse ao médico que a febre tifoide retornara. Ele se irritou: "Eu sou o médico. Se o senhor discorda de mim, posso largar o caso. O senhor decide."

Decidi mesmo, na hora, trocar de doutor. Mas o substituto não pôde evitar que sofresse novamente toda a doença. No final, depois de meses imobilizado na cama, e pesando quinze quilos a menos, tive de reaprender até a caminhar na rua.

Crise de identidade

Em janeiro de 1969, integrei-me à Flacso, onde daria os cursos de Introdução à Economia e ao Desenvolvimento para os estudantes de pós-graduação em sociologia e ciência política.

O convite foi do diretor da área, Gláucio Soares, cientista social brasileiro. A Flacso era uma instituição internacional, bancada pela Unesco e pela Fundação Ford. Os alunos eram menos caxias que os de economia, e minha idade era semelhante, senão um pouco inferior, à da média das turmas, fator que agravava o problema da disciplina das aulas. Eles fumavam desenfreadamente e não havia como proibir e ser obedecido. O ambiente era sufocante, até que descobri a salvação: uma vela acesa, na minha mesa, tinha o efeito de elevar e reter a fumaça no teto, como um colchão azul venenoso, mas esteticamente agradável.

Mantive meus cursos na Escola de Economia e na pós-graduação da universidade. Tive como aluno um diplomata promissor: Clodoaldo Hugueney, secretário no consulado do Brasil em Santiago. Ficamos amigos. Em certo momento, ele me relatou: "Estão emitindo passaportes sem consultar a lista de brasileiros exilados. Deram um para o almirante Cândido Aragão."

Na mesma semana, fui ao consulado tirar o meu. Dois anos antes, o consulado se recusara a renovar o passaporte que obtive em São Paulo, em 1965. Dessa vez, no entanto, tudo deu certo, e em dois dias me entregaram o documento. Não contei nada a ninguém. Se a notícia começasse a circular, logo haveria fila no consulado e a falha seria descoberta. Mas o almirante transmitiu a informação a exilados no Uruguai e a novidade se espalhou.

Claro que a falha na emissão de passaportes foi logo descoberta e chegou até a mesa do presidente Garrastazu Médici. O cônsul em Santiago, Octávio Guinle, veio então me pedir a devolução do documento. Argumentou que se equivocara ao concedê-lo. Apesar do embaraço, recusei-me a devolvê-lo. Contra-argumentei que tinha direito ao passaporte e que ele seria punido de qualquer maneira, devolvesse-o ou não.

De fato, Guinle foi afastado do cargo e preso por noventa dias. Sua carreira foi tão prejudicada que deixou o Itamaraty pouco depois. No governo de Fernando Henrique, décadas depois, receberia a reparação pelo ocorrido. O governo Lula, porém, não confirmou a anistia, com a desculpa de que ele cometera uma falha administrativa, e que não fora obrigado a deixar a carreira. Ou seja: cumprir com seu dever, o de entregar documentação a um brasileiro que tinha direito a ela, foi considerado uma falta, e a punição que sofrera não merecia reparos. Isso depois da anistia e da redemocratização!

— Serra, é o Vilmar. Olha, não vou te explicar muito. Mas eu soube que há uma ordem para apreender o seu passaporte. Tome cuidado. Não o utilize.

Vilmar Faria estava com a família em Harvard. Sua mulher, Regina, trabalhava no consulado brasileiro em Boston. O cônsul chamava-se Samuel Pinheiro Guimarães e recebera do Itamaraty um comunicado: "Se os seguintes brasileiros comparecerem em representações consulares munidos de passaporte, a fim de obter renovação ou qualquer providência, apreender os documentos e informar." Seguia uma lista de brasileiros e meu nome era o primeiro. Samuel passou a informação ao casal Faria, para que eu fosse avisado.

Por fim, entrou em contato comigo um diplomata da Embaixada em Santiago, ligado aos serviços de segurança do governo brasileiro. Disse-me que era melhor devolver o passaporte, porque eu não poderia usá-lo. Até à Interpol haviam comunicado que meu documento era "falso". Em qualquer aeroporto, eu seria detido. Depois da notícia vinda de Boston, e apesar da indignação, acabei aceitando o que o diplomata propunha: em troca da devolução, limparia o meu nome nesse circuito internacional. Escreveu até uma carta assumindo o compromisso. Qual o quê.

Meses depois, fui à Venezuela dar um curso de várias semanas. Viajei com um documento chileno para estrangeiros. No Chile, a inclusão do sobrenome da mãe é obrigatória para qualquer cidadão, e, na tradição espanhola, entra depois do sobrenome do pai. Os oficiais venezuelanos tinham recebido a ordem de não deixar José Serra ingressar no país. Mas eu desembarcara como José Serra Chirico. Mesmo assim, detiveram-me. Argumentei que não se tratava da mesma pessoa. Talvez pela dúvida, permitiram que entrasse em contato telefônico com a direção do Cendes, a instituição que me acolheria, que mexeu os pauzinhos e em poucas horas fui liberado.

Graças à nacionalidade de meu pai, consegui um passaporte italiano em Santiago, após longa tramitação. Minha crise de identidade foi amenizada. Para que se tenha uma ideia acerca do tamanho das incertezas sobre o futuro, escolhemos os nomes das crianças, Veronica e Luciano, não só pela beleza mas porque eram idênticos em castelhano, italiano e português. Não sabíamos onde iriam viver.

Depois de ter o passaporte cassado, o consulado se negou até a registrar meus filhos. Só se tornariam cidadãos brasileiros quando fixaram residência no Brasil, e depois de terem optado pela nossa nacionalidade.

No final de 1997, revisava um artigo que escrevera para minha coluna na página 2 da *Folha de S. Paulo*, sentado em minha cadeira no Senado, um tanto alheio ao movimento do plenário. Distraidamente, então, ouvi o presidente da sessão dizer, a toda velocidade: "Submeto à votação o nome do diplomata Fernando Fontoura para embaixador na República Dominicana. Quem estiver de acordo permaneça como está."

Fernando Fontoura? Era o diplomata em Santiago que me pressionara em nome da ditadura. "Voto contra, senhor presidente" — falei. A sessão esquentou. Todos queriam saber o motivo. Dei uma explicação rápida. Alguém contra-argumentou que havia anistia, logo não fazia sentido punir um diplomata por motivos políticos, por mais justificáveis que fossem. Concordei: a anistia não permitia punir um funcionário em razão de questões políticas, mas era cabível, sim, negar a um diplomata comprometido com chantagens que lhe fosse destinado um determinado cargo de confiança.

A solução dos líderes foi enviar o projeto de volta à Comissão de Relações Exteriores: se houvesse votação nominal, o plenário derrubaria a nomeação.

Em janeiro de 1998, aproveitaram que eu estava longe, em viagem de trabalho, para recolocar a indicação. Numa sessão vazia, de forma atropelada, o diplomata que servira à repressão virou embaixador na República Dominicana. Dois destinos injustos: Octávio Guinle foi preso, teve de abandonar a profissão e o Estado não lhe deu reparação; já Fernando Fontoura, que fez o serviço sujo, foi promovido e jamais prestou contas de seus atos. Justiça não é um conceito abstrato: alguns homens quiseram que eles tivessem esse destino

Foi o professor Aníbal Pinto quem criou, com modestos palpites meus, algumas formas literárias que passamos a usar nos seminários sobre o desenvolvimento latino-americano. A de maior repercussão foi o diagnóstico-denúncia, a ser utilizado no ambiente acadêmico para tratar de deficiências econômicas e males sociais e políticos da região.

Esse diagnóstico-denúncia se consubstanciava em textos que combinavam dados empíricos, certo rigor científico e crítica das políticas que empobreciam ou tornavam os países latino-americanos excessivamente dependentes dos grandes centros. Sua principal virtude era quebrar o conformismo, ir além dos progressos pontuais e alimentar a ação. Lembravam o tavão socrático: a mutuca que não para de dar ferroadas no cavalo. Nas palavras de Sócrates: "Deus me pôs sobre essa cidade como a um tavão sobre um cavalo nobre, a fim de mantê-lo sempre desperto."

Claro que as ferroadas deveriam ser certeiras e ardidas. Ou seja, as análises precisavam ter substância, o que exigia preparo metodológico, percepção de peculiaridades, o registro de circunstâncias inesperadas e até de avanços parciais, embora questionando sua perenidade ou transcendência.

Nessa linha, escrevi, em 1971, "El perverso milagro económico brasileño", publicado na revista *El Panorama Económico*. Como era funcionário internacional, assinei-o com pseudônimo, que no entanto deixava claro que se tratava de alguém que conhecia o português: Fernando Magalhães.

O texto circulou bastante no Brasil e, depois de revisto, foi editado como livro na Argentina, com outro título e meu nome mesmo. Utilizei pela primeira vez um termo ligado à psicologia ("perverso") para qualificar a economia do regime militar no seu auge. Pegou.

O segundo tipo de forma literário-econômica criada por Aníbal Pinto foi o diagnóstico-identificação. Eram ensaios ou livros voltados para a compreensão dos modelos de desenvolvimento da América Latina, enfatizando suas características estruturais, sua lógica (ou ausência) mecânica, contradições e possibilidades de mudanças.

Também fiz um esforço nessa direção, num artigo escrito em conjunto com Conceição Tavares, ela mesma contribuinte desse tipo de diagnóstico, com seu estudo sobre substituição de importações no Brasil. O título de nosso diagnóstico-identificação foi sugerido por Aníbal: "Além da estagnação — uma discussão sobre o desenvolvimento recente do Brasil."

A intenção do texto era combater o fatalismo que considerava impossível o desenvolvimento da América Latina, um determinismo econômico cujas implicações políticas eram só duas: subdesenvolvimento e estagnação ou socialismo. Para manter a estagnação, era o corolário do raciocínio, o capitalismo precisava cacifar ditaduras.

Em "Além da estagnação", tentamos mostrar que esse determinismo era falacioso. Era possível combinar dinamismo econômico com concentração de renda e dependência, ao menos nas economias maiores. A economia brasileira, por exemplo, não se estagnara com a ditadura. Ao contrário, crescia e era funcional — beneficiava o capitalismo por meio do aumento do mercado consumidor (a não ser confundido com cidadania) e do arrocho salarial.

Era difícil combater o determinismo esquerdista, envolvido sempre numa análise catastrofista das perspectivas da América Latina. Ele levava ao limite as contradições no processo de desenvolvimento, transformando-as em leis de bronze do capitalismo da periferia do sistema. A antiga polêmica entre Eduard Bernstein e Rosa Luxemburgo — reforma ou revolução — retornava sub-repticiamente.

Para os novos revolucionários, seriam inúteis reformas no "capitalismo dependente". Essa herança analítica prevaleceu entre setores da esquerda no Brasil nas décadas posteriores à redemocratização. Eram as ideias de que, sem ruptura, todas as reformas seriam frustradas ou embusteiras. Só depois da chegada do PT ao poder, que não fez nem reforma nem ruptura, caíram em desuso.

CAPÍTULO VII
Socialismo sem empanadas e vinho

— Sabe o que mais me incomoda, José? É que as coisas não deveriam ter ocorrido necessariamente assim. Poderiam ter sido de outro modo. Creio que os erros de Salvador Allende foram enormes e decisivos mas isso não diminui, para mim, a importância dos que eu possa ter cometido.

Quem disse essas frases sábias foi Eduardo Frei, presidente do Chile entre 1964 e 1970. Estávamos no restaurante Giovanni Bruno, no bairro dos Jardins, em 1980. Ele participara de um debate na *Folha de S. Paulo*, que eu coordenara, e convidei-o para jantar.

Frei era então um opositor firme da ditadura do general Pinochet e não se conformava com o que acontecia em seu país. Antes, por anos combatera — ferrenhamente — o governo da Unidade Popular, de Allende. Entre todos os chefes de Estado que conheci, foi quem me pareceu mais preparado para governar.

Sobre o que dissera a respeito de erros, sugeri que lesse "Na noite terrível", de Álvaro de Campos, mas só quando estivesse de bom ânimo:

> Se em certa altura
> Tivesse voltado para a esquerda em vez de para a direita;
> Se em certo momento
> Tivesse dito sim em vez de não, ou não em vez de sim;
> Se em certa conversa

Tivesse tido as frases que só agora, no meio-sono,
elaboro —
Se tudo isso tivesse sido assim,
Seria outro hoje, e talvez o universo inteiro
Seria insensivelmente levado a ser outro também.

Frei morreu meses depois desse jantar, quando convalescia de uma cirurgia simples, de hérnia de hiato. Sua família, incluindo o filho que veio a ser presidente da República depois da redemocratização, assegura que foi envenenado com substâncias que destruíram seu sistema imunológico. Há alguns anos foi concluída a investigação que comprovou o assassinato, embora não levasse ainda à condenação dos acusados, todos a serviço do governo Pinochet.

Meu primeiro ano no Chile coincidiu com o início do governo de Eduardo Frei. O lema de sua campanha presidencial fora *Revolución en libertad*. Tratava-se de uma autêntica e rara experiência de "terceira via", entre a esquerda marxista, composta pelo Partido Socialista e o Partido Comunista, e a direita conservadora, que governara o país nos seis anos anteriores.

Esquerda, direita e centro conviviam bem na estabilidade democrática chilena — motivo de inveja para os exilados brasileiros, todos bem acolhidos pelo governo democrata cristão e pela esquerda.

Frei começou a reforma agrária, que beneficiou 20% dos campesinos, e a sindicalização rural, até então inexistente. Tinha o apoio da Aliança para o Progresso, de John Kennedy, que sobrevivera à morte de seu autor. Para contrabalançar os efeitos da Revolução Cubana na América Latina, os Estados Unidos não só apoiavam a ideia da reforma agrária como ofereciam assistência técnica e financiamento para sua promoção. Além disso, sob o governo democrata cristão, o Estado assumiu o controle de 51% das minas de cobre — principal produto de exportação do país — que pertenciam a empresas estrangeiras, principalmente norte-americanas. Frei se diferenciava da esquerda, que pedia a expropriação pura e simples da terra, sem indenizações, e da direita, que defendia que tudo continuasse igual.

A reforma agrária foi bem planejada e executada, mas era cara: segundo estimativas da ONU, US$ 70 mil por família assentada, a preços de hoje! Ela não se limitava a redistribuir patrimônio, como é feito Brasil. Implicava em aumentar a produtividade no campo, por meio de assistência técnica, crédito e construção de uma infraestrutura mínima de transportes, moradias, escolas e postos de saúde.

A expansão do PIB, do emprego e dos salários foi elevada no primeiro biênio do governo Frei, mas refluiu nos quatro anos restantes, quando a inflação recrudesceu. No balanço final, cresceu bastante a participação política e social no período democrata cristão, melhorou a distribuição da renda e a provisão de serviços sociais básicos, mas não houve correspondência entre esses ganhos e o desempenho médio da economia.

Por isso, em 1970 a social-democracia ficou em terceiro lugar na disputa entre a esquerda (com Salvador Allende) e os conservadores (com Jorge Alessandri). Estes últimos, numa analogia torpe, acusavam Frei de ter aberto o caminho para os comunistas: ele seria uma espécie de Kerenski chileno. A esquerda dispunha de partidos bem organizados e sindicatos fortes: durante o governo Frei, as greves decuplicaram. Ela tratava o presidente e a democracia cristã como inimigos. Em comícios e jornais da Unidade Popular, eles eram qualificados de nazistas!

Allende venceu Alessandri por 40 mil votos. Havia uma espécie de segundo turno, mas restrito ao Congresso. A Unidade Popular era minoritária, mas Allende venceu graças ao apoio dos parlamentares democratas cristãos. Tomou posse prometendo respeitar a Constituição e combinar igualitarismo e democracia — como ele dizia, *socialismo con empanada y vino tinto*.

Antes, fracassara uma tentativa — promovida por alguns militares e monitorada pela CIA — de tumultuar a transição de um governo a outro.

Veronica passou a frequentar uma escolinha infantil quando fez dois anos. Cantarolava em casa as músicas que lá aprendia. Para nosso espanto, um dia chegou com uma canção que elogiava Salvador Allende e outra que o ridicularizava. Isso mostrava até que ponto a sociedade chilena estava dividida: proselitismo pró e contra o presidente numa creche...

No ensino superior, a polarização se repetia. A Escola de Economia da Universidade, que formava engenheiros comerciais, foi dividida em duas — a de orientação marxista e a neoclássica. Meu curso de História do Pensamento Econômico, felizmente, foi um dos poucos adotados pelos dois lados.

Tempestade perfeita

Allende e a Unidade Popular estatizaram rapidamente o sistema financeiro, as companhias de seguro e o comércio atacadista. Grandes empresas de mineração foram nacionalizadas praticamente sem pagamento, e a reforma agrária foi acelerada: em menos de três anos, as desapropriações duplicaram o total atingido nos seis anos anteriores. Avançou-se sobre todas as propriedades com mais de oitenta hectares de irrigação básica. Na prática, esse limite foi sendo reduzido para quarenta hectares.

Em relação às indústrias, foram ressuscitados dois decretos. Um previa que, se uma empresa não conseguisse abastecer o mercado, ou abusasse dos preços, o governo poderia intervir para restabelecer a oferta. Outro dizia que o mesmo poderia acontecer no caso de conflitos trabalhistas. Assim, qualquer greve para deter a produção e o abastecimento justificava a nomeação de um interventor, o qual, no meio de imbróglios jurídicos, perenizava-se no cargo. O governo perdeu rapidamente o controle do processo: em setembro de 1973, o Ministério da Economia controlava cerca de quinhentas empresas. Mais da metade sob intervenção, e a maioria sem qualquer importância estratégica.

A Unidade Popular queria conquistar a maioria da população para vencer as eleições parlamentares seguintes e obter maioria no Congresso. Para isso, necessitava promover forte aumento do emprego, dos salários reais e do consumo. A política de curto prazo concentrou-se nessas metas, mediante a expansão do gasto fiscal, fortes controles de preços, congelamento da taxa de câmbio e uma política monetária passiva. Confiava-se na existência de capacidade ociosa nas indústrias, nos estoques e nas reservas de divisas, para que os aumentos de oferta contrabalançassem a aceleração da demanda.

Como sempre acontece com essas políticas, a dificuldade reside na dosagem. Nunca valeria tanto o ditado de que a dose faz o veneno.

No primeiro ano de Allende, a economia cresceu 8%, com forte aumento do consumo e queda do desemprego. Em seguida, porém, mergulhou no círculo vicioso da inflação, reprimida pelos controles de preços e tarifas. Esgotaram-se os estoques, caíram as reservas e floresceu o desabastecimento. O mercado negro se generalizou, envolvendo até as empresas recém-estatizadas. Mais ainda, a contração da entrada de capitais e, principalmente, a queda do preço do cobre, responsável por 60% das exportações chilenas, cujos preços caíram 20%, levaram a economia chilena a uma situação de estrangulamento externo. Tudo configurava uma tempestade perfeita.

Apesar dos fortes reajustes, os salários passaram a perder a corrida para a inflação — caíram 11% em 1972, e quase 40% no ano seguinte, quando a inflação chegou a 320%. O mercado negro invadiu até a distribuição de combustíveis, inclusive a gasolina para automóveis. Quando meu filho nasceu, rodei toda a cidade para conseguir uma mísera garrafa de álcool medicinal. Se o socialismo viesse, seria sem empanadas e sem vinho tinto.

A oposição a Allende no Congresso tornou-se veemente e extremista, e não somente na retórica: botou de pé um artifício jurídico-parlamentar para cassar ministros rotineiramente, por qualquer motivo alegado, o que desestabilizava a equipe de governo.

Vieram as greves de caminhoneiros e comerciantes, de imenso impacto objetivo e psicológico. A CIA atuava em múltiplas frentes. A International Telephone and Telegraph derramava recursos para financiar a desestabilização do governo. As empresas de mineração desapropriadas se mobilizavam nas cortes internacionais e organizavam embargos.

Tudo isso fazia parte daquilo que era previsível dentro de um jogo político radicalizado. Mas havia muita gente propensa a fazer greves e a se mobilizar entre operários, mineiros, professores, médicos e estudantes.

Como também era previsível, houve a radicalização de uma parte da esquerda, que repelia a possibilidade de negociações e alianças com a democracia cristã ou com setores do empresariado. A lógica era a da implantação do "poder popular", apoiada em comissões preparadas para a luta armada. Na prática, nunca foram muito além dos discursos.

Tampouco Allende se preparara para um enfrentamento, criando milícias populares ou algo do gênero. Pelo contrário, repelia todas as propostas ou tentativas nesse sentido. Para barrar golpes, só dependia da lealdade dos chefes militares. Como no Brasil de Jango, duas coisas não existiram no Chile da Unidade Popular: restrições às liberdades democráticas e preparação efetiva da esquerda para a luta armada. Mas houve uma coisa em comum: discursos da esquerda para assustar os adversários.

Passei a prestar assessoria ao Ministério da Fazenda, embora mantendo minhas aulas na Flacso e na universidade. Sabia que o quadro econômico era desesperador. Como estrangeiro, tinha ciência de que assessorar o governo envolvia riscos extras caso houvesse enfrentamentos. Mas cedi ao impulso de servir ao país que me acolhera. Pesou, também, o voluntarismo que marca minha personalidade — tendo a acreditar, sempre, que não há situação sem saída.

Coordenei uma espécie de reforma tributária que buscava restabelecer o nível real da arrecadação, altamente comprometido pela inflação e pelo mercado negro. Empenhei-me na elaboração do projeto de lei orçamentária para 73 e escrevi a exposição de motivos que o justificavam — na prática, um balanço da situação político-econômica e das perspectivas para o novo ano. Como era Allende quem o assinaria, recebi de volta o texto com anotações à mão que ele fizera. Todas eram pertinentes, e uma delas moderava uma frase irreverente.

Eu escrevia também discursos para o ministro da Fazenda, Fernando Flores, um jovem e inteligente engenheiro, que depois do golpe ficou quatro anos preso. Um deles foi redigido em coautoria com Ariel Dorfman, que se tornaria um escritor famoso. Seu livro *A morte da donzela*, de 1990, trata do encontro de uma mulher que foi vítima da tortura durante a ditadura militar chilena com o homem que ela acredita que foi seu algoz. Virou um grande filme, dirigido por Roman Polanski.

Para mim, o experimento da Unidade Popular (UP) fracassara. Era preciso encontrar uma saída política que juntasse os moderados da UP, entre os quais o próprio Allende, uma parcela do Partido Socialista, o

Partido Comunista, que percebia a iminência do desastre, e parte da democracia cristã. E era indispensável reforçar o comando do general Carlos Prats sobre o Exército. Ele era conservador, culto e legalista. Tive a oportunidade de lhe dizer o que aconteceria na economia se não houvesse um acordo político. Ouviu com atenção e perguntou:

— O senhor não está muito pessimista?

— Há um ditado, general, que diz: o pessimista é um otimista bem informado...

Prats riu. Disse ser crucial impedir que os militares interviessem na política, pois fariam uma repressão inusitada na história chilena, e não largariam mais o poder. O general tinha razão.

CAPÍTULO VIII

Tempos brutos, tempos sórdidos

— Estive hoje com Volodia Teitelboim e ele me disse que o general Prats se demitiu. Foi substituído pelo chefe do Estado-Maior..

— O general Pinochet?

— Ele mesmo. O Volodia considera que isso fortalecerá o governo, que afastará o risco do golpe. Disse que o Pinochet é legalista e que Prats estava desgastado.

A conversa era sobre a situação chilena. A cidade, Moscou. O dia, 24 de agosto de 1973. Na poltrona, Luís Carlos Prestes, o septuagenário líder do Partido Comunista Brasileiro. Na cadeira em frente, eu, um economista de 31 anos exilado em Santiago.

Numa viagem a convite da Federação Mundial da Juventude, controlada pelo Partido Comunista da URSS, fui conhecê-lo no apartamento em que morava, no centro de Moscou. Volodia Teitelboim, a quem ele se referira, era senador e dirigente do Partido Comunista do Chile.

Não tive dúvida, a despeito do que falara Prestes: o golpe era uma questão de dias. Prats saía do comando do Exército porque mulheres de generais haviam feito uma ruidosa manifestação contra ele. Como não obtivera solidariedade de todos os comandos do Exército, demitira-se. Três generais que ocupavam postos-chave o acompanharam.

A Allende, Prats recomendou que fosse sucedido por Augusto Pinochet. Caíra o homem que sustentava a legalidade. Assumiria aquele que, indicado por ele, um ano depois mandaria matá-lo num atentado em Buenos Aires.

Decidi suspender a viagem e voltar imediatamente. Minha hipótese era de que o golpe ocorreria antes de 18 de setembro, dia da Independência nacional chilena, quando os militares desfilam em Santiago e batem continência ao presidente da República.

Dias depois de desembarcar e começar os preparativos para deixar o país com Monica e nossos filhos, fui acordado por ela bem cedo. "Estão cercando e atirando no *La Moneda*" — avisou. Era manhã de 11 de setembro de 1973.

O movimento de carros e de gente era intenso, nervoso. No trânsito, cruzei com um jovem jesuíta, que nos casara seis anos antes e que, após deixar o sacerdócio, fora meu aluno num curso de pós-graduação.

Procurei chegar perto do *La Moneda*, mas não foi possível. Por volta do meio-dia, vi a fumaça do bombardeio sobre o palácio presidencial. A população obedeceu à ordem de toque de recolher, transmitida pelas rádios já em mãos golpistas. Ficar na rua poderia significar prisão ou fuzilamento.

A ilusão de que houvesse alguma divisão nas Forças Armadas foi desfeita horas depois pela aparição de Pinochet na televisão, exibindo sua fisionomia de buldogue enfezado, a voz desafinada e uma sintaxe rudimentar.

Em nossa casa, a expectativa era sobre o que diria o próximo *bando* — "comunicado" — militar. Vinha o locutor e anunciava: *bando numero siete*, e nomeava as pessoas que deveriam apresentar-se à primeira patrulha que encontrassem na rua. Quem não o fizesse, sofreria *consecuencias fáciles de se prever*. Em certo momento, listaram Roberto Frenkel, um brilhante economista e amigo argentino que trabalhara comigo no Ministério da Fazenda. Eu ficava imaginando como soaria meu nome na boca do locutor implacável — se incluiriam ou não o sobrenome materno. Mas essa fantasia mórbida não se materializou.

Um general que assumira o Ministério do Interior afirmou em pronunciamento na televisão que havia um exército clandestino de 10 mil estrangeiros no país, e pediu que fossem delatados. O cerco se apertava ao meu redor, mas dois fatores nos protegiam. Primeiro: eu era funcionário internacional, tinha imunidade diplomática e visto oficial em meu passaporte italiano. Segundo: enquanto estava na Europa, Monica decidira mudar de casa. Morávamos havia anos numa pequena vila. Mas ameaças anônimas se intensificaram, provavelmente feitas por vizinhos ligados a grupos de extrema direita. Sabiam que eu era exilado e que o sobrenome de Monica era Allende, embora ela não tivesse parentesco com o presidente.

Como a nova casa era noutro bairro, nenhum vizinho sabia ainda que lá morava um estrangeiro. A possibilidade de uma delação era remota.

O toque de recolher foi suspenso por algumas horas no terceiro ou quarto dia do golpe. Fui imediatamente procurar Betinho, para tirá-lo de casa. Por sua condição de saúde, não podia sofrer qualquer violência física. Ele ainda conservava, no seu pequeno apartamento, cartas, documentos, listas de endereços. Disse-me que não descartava a possibilidade de haver resistência. Manifestei-lhe meu ceticismo de forma veemente, e falei-lhe que deveria sair de casa o quanto antes, porque seu endereço era conhecido. Quanto mais não fosse, era assinante do *El Siglo*, o jornal do Partido Comunista.

Águas de sangue

O rio Mapocho corta Santiago ao meio. Na época, as avenidas marginais que o ladeavam eram decentes e até bonitas, contrariamente às marginais do Tietê em São Paulo. Suas águas vêm da cordilheira, mas chegam barrentas, avermelhadas e algo encapeladas.

Nos idos de 73, eram mais limpas, mas, nas semanas posteriores ao golpe, mostraram a pior sujeira moral do século XX chileno: cadáveres de assassinatos políticos, na fúria que eclodiu desde os primeiros dias da barbárie militar. Cadáveres de gente torturada, fuzilada e mutilada. Isso foi o que vimos, numa incursão mórbida às margens do rio.

A outra notícia que testemunhava a barbaridade em curso foi dada pelo diretor da Escola de Sociologia da Flacso, o espanhol Luis Ramallo. Um aluno nosso, boliviano, pai de família, apenas um moderado opositor do governo de La Paz, fora arrancado de casa e morto com uma espécie de obus, uma boca de fogo de artilharia, junto a dezenas de outros, encurralados em algum canto. Uma de suas pernas fora arrancada. Ramallo foi o primeiro a denunciar na imprensa internacional o começo das atrocidades cometidas nos primeiros dias do golpe.

Por intermédio de Carmen Miró, diretora do Centro Latino-Americano de Demografia, que era do Panamá, cheguei ao embaixador desse país e o convenci a asilar perseguidos políticos. Ele pediu e conseguiu a autorização do presidente militar do Panamá, Omar Torrijos, de quem era amigo.

Os três primeiros que levei para a Embaixada — um apartamento de três quartos — foram Betinho e duas alunas minhas, que corriam perigo e me procuraram assustadas.

Organizei uma lista de exilados brasileiros que deveríamos levar de imediato à Embaixada do Panamá, com a ajuda do Paulo Renato de Souza. Um dos primeiros era Marco Aurélio Garcia, gaúcho, que conhecia desde os tempos da UNE. Pedi ao Paulo Renato que o levasse ao asilo.

Em poucos dias, a pequena Embaixada abrigava mais de cem pessoas, a maioria brasileiros. Aproveitando que meu carro tinha placa diplomática, levei comida para lá várias vezes, passando-a pelas janelas. Mais tarde, o embaixador alugou uma casa com mais espaço e trasladou os asilados. Só que o dono da casa era Theotonio dos Santos, professor brasileiro e um dos gurus intelectuais da esquerda chilena. Ele passou à condição de asilado político em sua própria casa!

Eu fazia o enlace entre as diferentes organizações internacionais, todas mobilizadas para proteger seus funcionários, alunos e estrangeiros. Entre outras providências, fazíamos contatos com embaixadas de diferentes países. A grande mortificação, motivo de tristeza e indignação, foi provocada pela Embaixada do Brasil, que virou as costas a crianças, mulheres e homens, a todos os brasileiros perseguidos naqueles dias terríveis só por serem estrangeiros. O embaixador Antonio Câmara Canto, partidário e cúmplice do golpe, presidiu um dos episódios mais deploráveis da história da diplomacia brasileira. E nunca foi chamado às falas.

Terminei abrindo outra Embaixada para perseguidos políticos, a da Itália, mas dessa vez tive de começar por mim mesmo. Perto do final de setembro, ao sair da minha sala na faculdade, topei com Enzo Faletto. Ele me olhou espantado e disse naquele espanhol bem chileno: *Hombre, los milicos vinieran a buscarte: que haces acá?* Soldados haviam aparecido, dispostos a me prender, mas, como todos os colegas e funcionários disseram que eu não estava, foram embora.

Nesse mesmo dia, haviam invadido o apartamento do poeta Ferreira Gullar, onde eu morara anos antes. Estavam à minha procura. Na mesma noite, passei a dormir na casa do embaixador da Itália.

Como ainda não havia asilados ali, o Exército não vigiava a porta. Por isso, saía durante o dia para apressar os preparativos e deixar o país. Cheguei a ir à Polícia Civil tratar de documentos de viagem. O Ministério das Relações Exteriores pediu desculpas pela tentativa de prender um funcionário internacional com imunidade diplomática e renovou o visto oficial em meu passaporte. A rede da repressão política, no entanto, se estendia. Minha prisão era questão de tempo. De pouco tempo. Decidimos correr o risco de viajar.

Na sala de embarque, depois de carimbados os passaportes, enquanto carregava meu filho de três meses, falava com minha filha de quatro anos e apontava para ela o avião que nos aguardava na pista, fui subitamente interrompido por um policial civil, que anunciou minha detenção. Ele leu em voz alta um trecho da ordem de prisão, que em outra situação me faria rir: *Intelectual subversivo, izquierdista y muy vivo*. Francamente...

Algemaram-me e puseram-me numa cadeira da área de desembarque. Durante horas, troquei olhares furtivos com os passageiros que chegavam. Quanto mais mexia os pulsos, mais as algemas machucavam. E eu pensava: "Estou preso por ser *muy vivo*..." Finalmente, saímos do aeroporto para um carro sem placa da polícia. Três detetives me acompanharam. Falavam pelo rádio com alguma central e se recusaram a dizer aonde íamos. Para meu alívio, em vez de um quartel do Exército, fomos para a sede da Polícia Civil de bairro, cujo nome é tipicamente chileno: Ñuñoa.

Passei a noite num sofá velho e recoberto com plástico de uma sala onde detetives fumavam, jogavam ludo e conversavam aos gritos. Gentilmente, contudo, ofereceram-me um cobertor e puxaram conversa sobre futebol. Consegui lembrar o nome de Livingstone, goleiro histórico da seleção chilena e herói da pátria, além de lhes demonstrar que o Palmeiras era o melhor time brasileiro, claro.

Com o passar do tempo, caí na real: o bate-papo não abrandaria minha situação; o pior estava por vir. Era preciso ser forte. Acalmei-me e, apesar do banco duro, da gritaria, do frio da madrugada, da luz intensa e de minha crônica dificuldade para pegar no sono, dormi.

Fui interrogado pela manhã. As perguntas pareciam tolas, mas, mesmo assim, fizeram-me suspeitar de que minha prisão se devera a gestões da ditadura brasileira. Não ouvi qualquer referência à minha participação no governo chileno. Uns papeizinhos perdidos num dos meus bolsos, lembretes inúteis e esquecidos, cujo mau hábito de guardar cultivo até hoje, foram analisados com lupa. Um dos quais provocou alvoroço entre os interrogadores: um pequeno convite mimeografado para uma feijoada da associação dos exilados, a fim de arrecadar fundos. Eu comprara o ticket e nem fora. Como a data já passara, pensei: tanta encrenca por causa de uma feijoada que nem comi.

Fui levado em seguida ao Estádio Nacional do Chile, onde Garrincha e Vavá ganharam a Copa do Mundo para o Brasil, em 1962. Deixaram-me na portaria, e ali passei o dia. Alegando imunidade diplomática, insistia em falar com o comandante do lugar, o coronel Jorge Spinoza. Não sabia que, a poucos metros, já torturavam e matavam detidos, e que o coronel era o responsável pelas torturas e pelos assassinatos.

Uma das vítimas foi o compositor e cantor Victor Jara, que eu conhecia porque sua mulher, uma inglesa, era coreógrafa do Balé Nacional. Jara fora torturado durante quatro dias, tivera as mãos esmigalhadas, e quarenta balas foram encontradas em seu corpo, jogado num lixão.

Enquanto eu aguardava, o diplomata que comandava a Embaixada da Itália, Piero de Masi, a quem devi tanto, movimentava-se para garantir minha segurança. Quando fui preso no aeroporto, Monica desistiu da viagem e voltou com as crianças para a Embaixada. De imediato, o embaixador protestou junto ao governo chileno. No quartel de polícia de Ñuñoa, ele estava na sala contígua àquela em que fui interrogado. Levara um jurista chileno conhecido e respeitado. Ambos foram, em seguida, ao Estádio Nacional. Assim, o que eu mais temia não aconteceu: constar como desaparecido. Essa tem de ser sempre a principal preocupação de quem pode ser apanhado num regime de terror: prisão aberta, reconhecida.

No começo da noite, um oficial me comunicou: "Senhor Serra, por ordem do major Ivan Lavanderos, o senhor pode sair, mas deve apresentar-se amanhã cedo, às sete e meia, para ser interrogado pelo major. De acordo? Deve comparecer, até como forma de proteger sua segurança."

Não fazia sentido. Soltar-me à noite para voltar de manhã? Era provável que me dessem um tiro pelas costas e alegassem tentativa de fuga. Mas não podia hesitar, e aceitei. Pedi para passar antes por uma cela onde havia brasileiros, a pretexto de deixar lá a garrafa de leite que fora meu único alimento durante todo o dia. Por incrível que pareça, o oficial concordou e me entregou aos cuidados de um sargento. Fomos à cela improvisada e reconheci Silvério Soares, estudante paulista de economia, cara de adolescente, apesar do bigodinho. Disse-lhe que estavam me soltando e que, se me acontecesse alguma coisa, se atirassem em mim, ele deveria denunciar. Tempos depois, já na Europa, Silvério me contou que não entendera absolutamente nada do que eu falara. Estávamos ambos sob ataques de nervos.

Caminhando para o portão do estádio, escoltado pelo sargento, vi um orelhão. Olhei para o soldado e arrisquei: *"Usted tiene una ficha?"* Cortês, ele respondeu: *"Si, como no"* — e me deu uma. Liguei para um amigo, disse que estava sendo solto e que temia ser vítima de alguma armadilha. Pedi que avisasse a todos. A caminhada da porta do estádio até a primeira rua foi a mais tensa de minha vida.

Enquanto andava, morbidamente me perguntava se a bala do fuzil, além de derrubar-me, doeria.

Peguei um táxi e fui para a casa do amigo a quem telefonara.

Exílio dentro do exílio

Na manhã seguinte, organizamos uma reunião para decidir o que fazer. Insisti em ir ao interrogatório. Uma das opiniões contrárias mais enfáticas ouvi do secretário-geral da Flacso, o professor Ricardo Lagos, que viria a ser presidente do Chile depois da redemocratização. Ele era próximo da Unidade Popular e genro do médico de Allende. Sabia bem o que estava se passando. Convenci-me e decidi não me apresentar à polícia. Fiquei na residência do embaixador da Itália. Como não voltei ao estádio, o Exército colocou soldados na porta da casa.

Dois dias depois, o major Iván Lavanderos, que me soltara, foi assassinado com um tiro no rosto, a ponta do revólver encostada no seu lábio superior. O embaixador sueco, Harald Edelstam, disse-me que o major fora assassinado por proteger "inimigos" do Chile. Acrescentou que eu tinha sido marcado para morrer, e que devia minha vida a Lavanderos.

No dia seguinte à minha soltura, o major, que era assediado pelo embaixador, entregara-lhe dezenas de prisioneiros uruguaios e bolivianos, levados à Embaixada sueca. Edelstam, um homem magro que parecia ter dois metros de altura, foi um verdadeiro herói naqueles dias de terror. Em dezembro de 1973, o governo chileno declarou-o *persona non grata*. Ao chegar à Suécia, fez as estimativas do primeiro trimestre pinochetiano: 15 mil pessoas assassinadas, 7 mil presas e 30 mil deslocadas de suas casas.

A residência do embaixador da Itália chegou a abrigar mais de seiscentas pessoas. Diante da recusa do governo chileno em conceder-me o salvo-conduto, fiquei lá indefinidamente. Os primeiros três meses foram os mais difíceis. A vida reclusa, a falta de privacidade, os dramas pessoais e a incerteza deixavam todos nervosos, alguns até histéricos. Veronica, com quatro anos e meio, não compreendia o que se passava, mas sentia totalmente a tensão e a anormalidade. Isso me afligia ao extremo.

Houve só uma coisa boa: por três meses, tomei conta de Luciano quase o tempo todo; tornei-me um especialista em fraldas e mamadeiras. Lembro-me até hoje do primeiro alimento sólido que provou, um pêssego, que devorou aos poucos, guloso.

Era impossível ao pessoal da Embaixada cuidar da limpeza e da alimentação. Todos os "hóspedes", sem exceção, colaboravam nas tarefas práticas. Conquistei meu lugar na cozinha, onde criei uma logística de preparação e distribuição de omeletes, ovos mexidos e, principalmente, sanduíches (também de ovos...), que dispensavam pratos. Com isso, ficava livre dos serviços de limpeza e de lavar louça.

Desde o começo da vida na Embaixada adotei outro nome, o mesmo do artigo sobre o milagre econômico, Fernando Magalhães. Além dos diplomatas, só uns poucos, que me conheciam de antes, sabiam minha identidade verdadeira. A cautela se impunha: entre as centenas de pessoas, haveria certamente agentes do governo infiltrados. Uma figura estranha, por exemplo, entrara pelo muro da casa e se apresentara como padre de origem italiana. Exibia um braço ferido e dizia que levara um tiro num enfrentamento armado. Ele afinal obteve o salvo-conduto e viajou. Soube anos depois que era um agente de algum órgão de espionagem. Viria a infiltrar-se nas Brigadas Vermelhas da Itália e entregaria à polícia alguns de seus principais chefes. Era conhecido com Frà Diavolo.

Como a situação não se resolvesse, decidimos que Monica (contra quem não havia acusação) iria com as crianças para Buenos Aires, onde tínhamos amigos. Nem cogitamos que fossem para o Brasil, onde a repressão atingia seu zênite.

No começo de janeiro de 74, viajaram para a Argentina e fiquei sozinho. Numa noite de abril, já havia seis meses recluso na residência do embaixador da Itália em Santiago, dei voltas e mais voltas pelo gramado dos fundos do casarão. Estava amargurado. Exatamente dez anos antes, asilara-me na Embaixada da Bolívia no Rio e tivera o salvo-conduto recusado. A situação se repetia década depois, mas num contexto muito mais difícil. Se e quando saísse, teria de recomeçar minha vida novamente, em outro país e agora com minha família — um casal desempregado e duas crianças pequenas. Mais ainda, em 1964, meus pais subsistiam por conta própria. Desde 70, porém, era eu quem os mantinha. Como cumpriria esse encargo?

A maior ajuda do mundo exterior veio de Paulo Renato Souza. Funcionário da Organização Internacional do Trabalho, ele tinha passaporte da ONU e facilidade para ingressar na casa, junto com sua mulher, Giovana. Passava-me livros, revistas e até jornais do Brasil. Por deferências dos diplomatas, eu podia usar o telefone algumas noites — fazia isso com parcimônia, mas a frequência das ligações aumentou com a mudança da família para Buenos Aires.

Meu objetivo inicial era ir para Paris, pois recebera um convite da École Pratique des Hautes Études, onde coordenaria seminários e obteria meu doutorado em economia. Já na Embaixada, vendi meu mobiliário e enviei livros e pequenos móveis, além de uma poltrona de couro, que comprara sob encomenda, para a guarda de um casal de amigos que morava na capital francesa.

Ao longo dos meses, porém, decidi que iria estudar em Cambridge, na Inglaterra, ou nos Estados Unidos, em Yale ou Cornell. Precisava, contudo, melhorar meu inglês, bastante precário. Fiz sozinho um curso gravado em long-plays, eficientíssimo. Nada que me permitisse cogitar da hipótese de prestar um exame de suficiência do idioma, mas professores de Yale e Cornell disseram que eu poderia ser eximido de prestá-lo porque estava detido em Santiago.

Foi feito então um abaixo-assinado de professores da Europa e dos Estados Unidos pressionando o governo chileno a conceder-me o salvo-conduto. A iniciativa fora do professor Ignacy Sachs. A Unesco, que também patrocinava a Flacso, atuou no mesmo sentido.

Tentou-se igualmente outra gestão, heterodoxa, para que o salvo-conduto fosse concedido. Aníbal Pinto conhecia uma economista, Victoria Arellano, irmã de um dos chefes militares mais truculentos, e pediu que ela interviesse. Através do irmão, chegou-se ao general Herman Brady, comandante de Santiago e brucutu emergente (até pouco antes homem de confiança de Allende).

Brady, porém, disse que só me deixariam sair do país depois de inquirido. Voltei à estaca zero. Vivia o exílio dentro do exílio numa austera, apagada e vil tristeza.

CAPÍTULO IX

Exilado ao quadrado

Na primeira quinzena de maio de 1974, saiu finalmente o salvo-conduto que me permitiria deixar o Chile, da mesma forma como deixara o Brasil dez anos antes. Tornara-me duplamente exilado.

Embarquei para a Itália via Buenos Aires, evidentemente sem escala no Brasil. No aeroporto argentino, na sala de trânsito, vi meu pai depois de muitos anos. Ele fora conhecer os netos e se queixava carinhosamente de Veronica, então com cinco anos; quando a levava para passear nos parques da cidade, ela fugia, escondia-se, pregava-lhe sustos.

Desembarquei no aeroporto de Roma com a desorientação de quem passara quase um ano confinado e sem conhecer uma esquina da cidade. Não tinha a mínima ideia de aonde ir depois de pegar a bagagem. A única pessoa que conhecia era Ivan Ribeiro, um amigo queridíssimo que deixara o Chile antes do golpe para assumir um cargo na FAO. Ele morava em Roma com a mulher e a filha, italianas, mas eu não sabia seu telefone, tampouco o endereço.

Enquanto aguardava a mala, cruzei com um economista chileno que conhecia vagamente. Descobri, atônito, que era colega de trabalho de Ivan e que sabia onde ele morava. Assim, hospedei-me na sua casa, ao lado da minha praça preferida em Roma, até hoje: a Piazza di Campo dei Fiori, onde quatro séculos antes Giordano Bruno fora queimado na fogueira pela Inquisição.

Giuseppe Serra

Fiquei pouco tempo. Peguei um trem e fui à terra de meu pai, Corigliano, na Calábria. Queria encontrar-me com minhas primas que lá moravam e com tio Giovanni. Ao ouvir o idioma cálido que escutara na meninice, ao contemplar a crispada paisagem pela janela do trem, senti uma agitação nebulosa: retornava a um lugar já conhecido, embora o visitasse pela primeira vez.

O sul da península era modesto, mas não havia pobreza próxima da brasileira. Os trens paravam perto dos vilarejos, ninguém se queixava da seguridade social, as estradas eram boas, os camponeses usavam roupas decentes, não havia favelas, a produtividade agrícola era alta, levava-se a educação a sério.

Corigliano, com suas vielas oblíquas e estreitas, existia desde a Idade Média. Dormi numa reentrância da sala — sem janelas, a mesma onde meu pai e os quatro irmãos se amontoavam à noite, décadas antes — da velha casa da família. Fiquei assombrado quando meu tio contou que eles não podiam dirigir a palavra ao pai, Giorgio, sem a intermediação de minha avó Isabella. Falar diretamente ao patriarca era desrespeito, quase uma afronta. Entendi melhor a aspereza de meu pai.

Como o meu avô materno, Steffano Chirico, também nascera e crescera em Corigliano, 75% das minhas raízes estavam lá. Ele era mais liberal, até porque só tivera filhas. Os outros 25% estavam em Nápoles, pois minha avó materna era filha de napolitanos.

Eu tinha o passaporte italiano, mas tirei uma carteira de identidade na cidade. O carabineiro que tomava conta do cartório era filho ou genro de uma de minhas primas. Ele me disse: "José não é um nome italiano. Tem de ser Giuseppe." Assim foi, e na Itália passei a ser Giuseppe Serra.

Voltei a Roma e dediquei-me a tarefas chatas. Monica, as crianças e minha sogra, que as acompanhava, chegaram de Buenos Aires alguns dias depois de mim, mas a Alitalia perdera todas as suas malas. Todas. Tive de batalhar para arrumar a indenização da companhia e comprar um par de roupas para cada um dos quatro. Passaram-se duas semanas até que a bagagem fosse recuperada, mas duas malas se perderam para sempre. Numa delas estavam documentos e manuscritos sem cópia, incluindo um longo ensaio sobre a distribuição da renda do Brasil.

Uma empreitada penosa, porém útil, foi cuidar do auxílio, previsto em lei, para italianos que necessitassem se reenraizar. O benefício, altamente meritório, surgira para ajudar os que precisavam sair das colônias africanas que o país perdera na Segunda Guerra Mundial. Diplomatas italianos em Santiago e funcionários do Ministério das Relações Exteriores me alertaram para a possibilidade, e me estimularam a usá-la.

Em valores atuais, era uma soma básica para começar vida nova, cerca de US$ 25 mil. A tramitação, contudo, era uma maratona de obstáculos. A fase crucial, do envio da documentação de um ministério a outro, só podia ser feita pelo correio e costumava demorar meses. Mas como? Eu me oferecia para pagar a entrega urgente e até uma limusine para transportar os papéis. Qual o quê! Tinha de ser pelo correio normal. Resultado: a benfeitoria só saiu muito depois, quando já morávamos nos Estados Unidos. Fazendo as contas, valeu a pena ir até a Itália e retirá-la, apesar do custo da viagem.

Uma contribuição decisiva veio da Igreja Luterana da Alemanha. Ainda na Embaixada da Itália em Santiago, recebi uma carta de Heinz Dressel, teólogo que dirigia a Obra Ecumênica de Estudos, criada para apoiar estudantes em situação crítica. No meu caso, recebi recursos para pagar as passagens aéreas da Europa para os Estados Unidos.

Foram dezenas os jovens refugiados brasileiros apoiados pela entidade. Por um dos seus integrantes, recebi também um convite para dar aulas na Universidade Livre de Berlim, mas não tive tempo de fazê-lo.

O pastor Dressel dizia que a fé cristã não pode se divorciar das realidades da vida, em especial da dor e do sofrimento dos perseguidos. Três décadas depois, ele foi homenageado pelos governos do Chile, da Argentina e de São Paulo (durante meu mandato de governador) pelo que fizera aos jovens durante as ditaduras. Homens assim são o sal da terra

Para escolher com segurança onde faria o doutorado, viajei a Cambridge, na Inglaterra. Fui bem acolhido por dois estudantes brasileiros que concluíam o curso: Marcelo Abreu e Winston Fritsch.

Voltei depois mais uma vez e me hospedei na casa de Celso Furtado, que passava um ano como professor visitante. Escutá-lo era um aprendizado em tempo integral, e não apenas em economia. Furtado conhecia música, literatura, história, a vida. Ofereci-lhe de presente minha poltrona de couro de estimação — aquela que enviara do Chile a Paris — porque não tinha como transportá-la mundo afora.

Trinta anos depois, quando o visitei, numa tarde, no seu pequeno apartamento na rue Guy de La Brosse, no Quartier Latin, ele disse que a tinha jogado fora havia poucos meses, de tão puída que estava, e sempre se referira a ela como "a poltrona do Serra". Era um presente cujo prazer de dar ultrapassava de longe a satisfação de quem o recebe. Foi a última vez que vi o mestre.

Cheyenne no Mustang sem janela

Decidi-me, finalmente, pela Universidade de Cornell, nos Estados Unidos, e, em meados de julho de 1974, desembarcamos em Washington. Um rosto sorridente e amigo nos recebia nos EUA: Francisco Sampaio. Seu pai, Plínio de Arruda Sampaio, que morara sete anos no Chile como exilado, era funcionário do Banco Interamericano de Desenvolvimento.

Os Sampaio nos hospedaram na sua casa, em Bethesda. Convivera com Plínio na política brasileira, no cotidiano do Chile e agora começava a fase norte-americana.

Minha preocupação era melhorar o inglês, que falava meio como um *cheyenne* de filme de faroeste. No calor atordoante daquele verão, ia todos os dias ao centro de Washington, a 25 quilômetros de distância, dirigindo um carro dos Sampaio, para um curso intensivo na Berlitz. Tinha duas professoras, em dias alternados. Trocando confidências, logo concluímos que, se as aulas fossem na casa delas, em vez de na escola, gastaria a metade e elas ganhariam 40% a mais. Os grandes negócios levantam cercas, mas os pequenos consumidores passam por baixo.

Dispunha ainda de outras aulas, gratuitas: os filmes na televisão de madrugada, uma memorável sequência de *late movies* e *late late movies*. Assim, combinava a necessidade de aprender o idioma com meu gosto pelo cinema e a sina de dormir tarde. Meu ponto mais baixo no aprendizado foi *Um bonde chamado desejo*: não entendi nada do que Marlon Brando/Stanley Kowalski dizia. Só me consolou compreender Vivien Leigh/Blanche DuBois no seu sotaque britânico: de algum modo, um exilado está sempre "dependendo da boa vontade de estranhos".

O ponto alto de compreensão se deu a 8 de agosto: entendi tudo o que Nixon disse, em prantos, no seu discurso de renúncia à Presidência, em cadeia de televisão. Plínio de Arruda Sampaio e eu fomos naquela noite até a frente da Casa Branca. Estranhamente para nós, mas não para os americanos, não havia tanques na rua. Mas algum maluco explodiu uma bomba barulhenta nos arredores e fomos rapidamente embora: "Se é para morrermos num atentado, que seja no Brasil" — disse Plínio, puxando-me pelo braço.

Um mês depois, partimos para Ithaca, no noroeste do estado de Nova York, onde tem lugar a Universidade de Cornell, cujo campus é dos mais bonitos dos Estados Unidos. Distante 360 quilômetros da cidade de Nova York, Ithaca era longe de tudo, como diziam seus 25 mil moradores, um pouco acima do número de estudantes.

Alugamos um pequeno apartamento longe do campus e compramos móveis usados de estudantes brasileiros que estavam de partida, Sérgio Mindlin e Yoshiaki Nakano. Com a chegada das chuvas de inverno e da neve, o imóvel virou uma espécie de caverna inacessível, remota. A distância da universidade era fatal, complicando a vida cotidiana em todas as horas. Assim, preferimos pagar multa ao dono do apartamento e nos mudamos para uma casinha da própria universidade, dentro do campus.

Descobri um estudante brasileiro, o cientista político Sérgio Abranches, que me deu ótimas dicas. Precisava comprar um carro e fui a ele. "Compre um velho, por US$ 250 no máximo" — aconselhou. Foi o que fiz num dia ensolarado. Devo ter sido atraído pela marca — era um Mustang —, mitificada em *Um homem e uma mulher*, filme de Claude Lelouch. Fiquei tão deslumbrado que nem liguei para umas manchas de ferrugem na lataria, tampouco testei as janelas.

Saí logo pilotando o bólido glamoroso, talvez imitando Jean-Louis Trintignant no filme. Horas depois, começou a chover. Só aí o canastrão descobriu que o carro não tinha vidros nas janelas da frente. O vendedor, munido de papéis e recibos, ouviu sem se comover meus vitupérios em inglês, pouco variados, mas contundentes.

Gastei o equivalente à metade do preço do carro para instalar os vidros. Fui um aluno fraco em trabalhos manuais na infância. Minha única destreza era na manipulação de frutas, quando ajudava meu pai a empilhá-las no mercado municipal. Fiquei alarmado, portanto, quando percebi que a ferrugem, disfarçada com habilidade pelo vendedor escroque, espalhava-se por boa parte da lataria. Consertá-la numa oficina custaria a outra metade do valor do carro, de modo que me dediquei a lixar as manchas, para então aplicar uma massa preta em cima. Maculei para sempre o Mustang.

Mas prejuízo mesmo — o maior golpe financeiro que sofri na vida — foi o promovido pelo governo do general Pinochet, no início da estada em Ithaca. Paulo Renato Souza ficara como meu procurador no Chile. Por isso, pedi-lhe que vendesse minha casa, que, ele calculou, valia, em dinheiro da época e em meio à recessão da economia chilena, uns US$ 150 mil a preços atuais. O comprador pagou com financiamento do sistema de Ahorro y Préstamos (Poupanças e Empréstimos). Mas, em seguida, o governo alterou o sistema, eliminando a correção monetária de desembolsos futuros, com prazos prefixados no contrato, apesar de a inflação galopante ser de dois dígitos mensais. Em resumo, recebi pela casa o equivalente a US$ 40 mil. Era todo o patrimônio que eu tinha na vida.

Meu orientador em Cornell era o professor Tom Davis, do Departamento de Economia. Ele me emprestou sua pequena sala, no quarto andar da biblioteca, que transformei em escritório. Era ali que estudava e escrevia, sem precisar disputar espaço em casa com as crianças. O único senão eram os livros das estantes desse andar. Dispersivo, eu pegava os de história, ciências sociais, coleções das principais revistas do mundo desde o século XIX, e gastava horas folheando-os.

O Departamento de Economia ficava num prédio, Uris Hall, com dois atributos excepcionais. Primeiro, permanecia aberto 24 horas. Não raro, eu ia direto das madrugadas de leituras para a primeira aula ou seminário. Além disso, no subsolo, havia um cinema que cobrava ingressos simbólicos e exibia filmes contemporâneos e antigos todas as noites. Nunca vi tanto cinema na vida.

Monica, que tinha diploma universitário de bailarina, matriculou-se no curso de psicologia educacional, voltado para artes terapêuticas, e obteve o mestrado. Dois anos depois, fez outro mestrado no Hahnemann Medical College, de Filadélfia, que ficava a uma hora de trem de Princeton, onde moramos depois de Ithaca. Ia para lá todos os dias. No Brasil, no fim da década, obteria o doutorado na USP, com o tema "Empatia: um estudo da comunicação não verbal terapeuta-cliente".

Logo que chegamos a Cornell, descobri que havia um curso de mestrado de um ano em economia rural para profissionais do setor agrícola e convenci Plínio de Arruda Sampaio se deslocar de Washington para fazer o curso. Tom Davis cuidou da sua admissão. Plínio instalou-se com sua família num velho casarão de madeira dentro da universidade, construído no início do século XX. O aluguel era uma pechincha. Quando sua família viajou, aluguei a mansão, e Plínio tornou-se nosso hóspede por alguns meses.

Um ser fantasmático

A bolsa de estudos exigia que, no segundo ano, depois do mestrado, trabalhasse como professor assistente. Tive como chefe o professor Walter Galenson, um economista tarimbado, especializado em emprego. Coordenei seminários, dei aulas e fiz o que mais abominava: formular e corrigir provas.

Para não perder-me no inglês, escrevia tudo o que diria em classe. Mas havia as perguntas dos estudantes... O pior é que os alunos redigiam avaliações das aulas. Vale lembrar, em inglês, a avaliação mais amável que recebi: *Poor Jose. He is a good guy and knows a lot but he should have learned how to explain economics properly and, at the same time, speak our language.*

Organizei um seminário sobre o Brasil para o Departamento de Economia e convidei Edmar Bacha, amigo desde o Chile. Ele apresentou um bom artigo, mostrando que a aceleração do crescimento da economia tendia a tropeçar no desequilíbrio externo. Mas o que admirei mesmo foi a fluência jeitosa com que se expressava. Chegava a cometer trocadilhos em inglês. Quem me dera!

Era difícil tolerar os cachorros que alunos levavam às salas de aula. Cães imensos, de raças nunca vistas por mim nem em fotografias, entravam sem cerimônia nas classes. O estudante vinha lá de Iowa fazer o curso de graduação e trazia um bicho de estimação do porte da Lassie. Bem adestrado, o cão se comportava — era razoavelmente limpo e se coçava com discrição. Mas, às vezes, parecia grunhir e me lançava olhares que eu supunha ameaçadores, desconcentrando-me por completo. O que fazer se surpreendesse seu dono colando numa prova?

Fui atrás de conseguir o doutorado no menor prazo possível, embora pouco usual, de dois anos. O motivo da pressa era prático: minha bolsa expirava em meados de 1976.

No fim do primeiro ano acadêmico, visitei Princeton para almoçar com Albert Hirschman, que vira de passagem no Chile. Queria conhecer o autor de livros e artigos que tanto me haviam estimulado a estudar economia, dez anos antes. Ele era cavalheiresco, reservado, econômico e preciso nas ideias, nas dúvidas e nas perguntas. Tinha uma curiosidade intelectual inexaurível. Queria saber tudo sobre o Brasil e o Chile. No final, pediu que lhe mandasse o que escrevera mais recentemente.

Em poucas semanas, convidou-me a passar um ano no Institute for Advanced Study, depois de defender minha tese de doutorado. Embora convidado como membro visitante, ganharia o equivalente a um assistente de pesquisas. Além de honroso, o convite era atraente do ponto de vista prático — o instituto fornecia casa mobiliada, subsidiava as refeições e cobria despesas de telefone, correio, eletricidade e água.

Aceitá-lo implicava defender logo a tese. Partindo do princípio de que "nenhuma tese é boa se não ficar pronta", escolhi um tema que conhecia por dentro e me atraía: a política econômica de Allende durante a Unidade Popular.

Como a biblioteca da faculdade guardava microfilmes dos jornais e revistas chilenos, reconstituí com pormenores o que ocorrera naqueles anos e alicercei minhas hipóteses com uma montanha de cifras e tabelas. Trabalhei com urgência e sofreguidão. Passava até quinze horas seguidas soterrado por dados e escrevendo, buscando compreender por que e como o Chile de Allende descarrilhara. Chegava a prender um aquecedor de plástico na nuca para aliviar a tensão. Conclui o enorme texto em julho de 76 e, em setembro, três anos depois do bombardeio sobre o palácio presidencial de *La Moneda*, a tese foi aprovada.

Como queria revisá-la para publicá-la — no Chile e no Brasil —, não autorizei a universidade a deixar que pesquisadores a consultassem. Foi uma tolice. Não fiz revisão alguma e não a publiquei. Quando procurei a universidade para permitir que fosse pesquisada, soube que teria de fazê-lo pessoalmente. Mas não voltei a Cornell. A tese em que tanto trabalhei é natimorta. Jamais circulou. Não teve a existência social de um livro. Restou apenas o exemplar mudo que levo comigo há tantos anos.

Só agora, ao escrever estas reminiscências, peguei-a no alto da estante e a reli do começo ao fim. Veio-me um anseio lancinante e fugidio, mescla de estupor, neurótica afeição e nostalgia. O assombroso texto em inglês fez surgir um ser fantasmático, aplicado, intelectualmente veemente, que se esfalfa para entender um trauma histórico e seguir em frente — eu mesmo outrora e agora.

Minha condenação no Brasil prescreveu e passei a acalentar planos de voltar à Mooca na virada do ano, na onda liberalizante que se espraiava pelo país.

Queria assuntar o que se passava e sondar as chances de, mais para frente, estabelecer-me em definitivo no Brasil. Mas então se deu o massacre da Lapa, no final de 1976. A polícia invadiu uma reunião do comitê central do Partido Comunista do Brasil, fuzilou no ato dois dirigentes e, sob tortura, matou um terceiro. Alguns deles eram egressos do grupo da AP que migrara anos antes para o Partido Comunista do Brasil. Consternado, arquivei o plano de voltar na virada do ano.

Em Princeton, com *Opinião*

A casa térrea que o instituto nos reservou era sóbria e aconchegante. Com cem metros quadrados, anunciava a vida pacata que poderíamos vir a ter em Princeton — as crianças tinham crescido, não havia ameaças políticas, a profissão e a carreira eram definitivas.

Chamava-a de Casa de Babel. Eu falava em português com as crianças e com Monica, para que aprendessem o idioma. A mãe falava com os filhos em espanhol, sua língua natal. Entre si, Veronica e Luciano falavam — ou melhor, brigavam — no inglês dos amiguinhos e da televisão, com recurso a insultos vulgares como *jerk*!

Eles frequentavam escolas públicas de excelente qualidade. Recebíamos até o cardápio que serviam aos alunos para que o aprovássemos. E eu vetava três gororobas particularmente odiosas para mim: manteiga de amendoim, maionese e ketchup. A exemplo do que ocorria em casa, sempre perdi a batalha para o terceiro item

O instituto é o centro intelectual mais sofisticado da América. Trinta e três de seus membros receberam o Prêmio Nobel. Einstein, Von Neumann, Oppenheimer, George Kennan, dezenas de pensadores o integraram. As áreas de ciência social e história são relativamente menores. Hirschman, Clifford Geertz e John Elliott eram professores permanentes, e Thomas Kuhn e Quentin Skinner passavam um longo período lá.

O único dever era assistir a um seminário semanal na hora do almoço, quando um membro-visitante de história ou ciências sociais fazia uma apresentação sobre um tema de seu interesse. Outro seminário ocorria durante a noite, na casa de alguém, com menos gente e de modo informal.

No início da estada, participamos de uma homenagem dolorosa: a missa em intenção de Orlando Letelier. Economista, ele fora diretor do Banco Interamericano de Desenvolvimento, embaixador de Allende nos EUA e ministro das Relações Exteriores. Ficara um ano preso pelos militares e mudara-se para Washington, onde dirigia um instituto de estudos internacionais. Foi ali que, em 21 de setembro de 1976, explodiram seu carro, matando-o. Comprovou-se a responsabilidade direta do governo Pinochet.

Eu o conhecera pouco, mas o suficiente para saber que não se tratava de um carbonário. Era um técnico de qualidade e especialista em política internacional. Aos olhos da ditadura, porém, cometera um pecado irredimível: tornara-se combatente pelos direitos humanos no Chile.

Nos Estados Unidos, o crime incentivou o movimento pela democracia na América Latina. Os ativistas eram professores e estudantes universitários, igrejas evangélicas e senadores do Partido Democrata.

Em outubro de 76, assisti ao principal debate da disputa presidencial e ouvi, pasmo e animado, Jimmy Carter, que desafiava Gerald Ford, defender os direitos humanos e atacar sem dó a cumplicidade dos governos republicanos com as ditaduras do Chile e do Brasil, precisamente as duas que me perseguiam.

Carter venceu a eleição e deu um novo rumo à política externa norte-americana na América Latina. Sua pressão em favor dos direitos humanos foi levada ao Chile, Argentina, Uruguai, Paraguai e ao Brasil, às tiranias todas. O atrito com Brasília, atiçado pela oposição ao tratado nuclear com a Alemanha, levou o presidente Ernesto Geisel a romper o acordo militar Brasil-EUA.

Um marco da mudança de postura da Casa Branca foi a visita da primeira-dama Rosalind Carter ao Recife, em 1977. Ela se encontrou com dom Hélder Câmara, satanizado pela ditadura — com Nelson Rodrigues à frente — como padre comunista. No ano seguinte, o próprio Carter se encontrou, em São Paulo, com dom Paulo Evaristo Arns e com o reverendo Jaime Wright, que lhe entregaram um detalhado relatório sobre a tortura — o qual viria a ser a base do documento *Brasil: nunca mais.*

Em 2009, Jimmy Carter veio ao Brasil e visitou o Palácio dos Bandeirantes. Fiz-lhe uma homenagem "não só como governador", afirmei num discurso, "mas como um cidadão brasileiro que encontrou no seu país acolhida humana e formação acadêmica e intelectual nos difíceis anos de exílio".

Durante a estada em Princeton, a convivência com Sarah e Albert Hirschman — que, pela idade, poderiam ser nossos pais — foi rica do ponto de vista acadêmico, intelectual e afetivo. Veronica continuou a se corresponder e a visitá-los por décadas. Quando ela completou o mestrado em Administração, em 1997, eles foram a Harvard assistir à cerimônia.

Foi um privilégio acompanhar o método de trabalho de Hirschman. Ele demorava meses para escrever um artigo e o revisava termo a termo, dezenas de vezes. Passava dias à procura da palavra justa, *le mot juste*, e não por firula estilística. A clareza, dizia, era um requisito do pensamento original. Explicou-me que qualquer nova ideia, mesmo a abordagem ligeiramente distinta de questões já postas, era frágil na origem como uma flor ao nascer. Ela podia ser inibida pela reação incisiva de interlocutores, por mais bem-intencionados que fossem. Por isso não costumava comentar com ninguém a essência do que estava escrevendo, ao menos nas primeiras versões.

Aos poucos, descobri a vida movimentada de Hirschman, que era discreto e pouco falava de si. Judeu, tivera de deixar a Alemanha aos dezoito anos. Estudara na França; participara da Guerra Civil Espanhola ao lado dos republicanos; morara na Itália, lutando contra Mussolini; e alistara-se no Exército francês quando eclodiu a Segunda Guerra Mundial. Vivera clandestino em Marselha, onde pôs de pé uma organização da resistência que preparava a fuga de intelectuais e artistas judeus. Por fim, ele próprio teve de se refugiar nos EUA. Não sossegou: alistou-se no Exército americano para combater na Europa. Passado o conflito, foi intérprete do primeiro tribunal militar do pós-guerra, organizado na Itália, que condenou à morte o general alemão Anton Dostler, responsável pela execução de prisioneiros de guerra.

Estudei em Princeton a relação entre economia e política na América Latina contemporânea. Como pano de fundo, procurei mostrar a falácia das análises economicistas sobre o desenvolvimento da região, que ancoravam a imanência da revolução em obstáculos econômicos considerados intransponíveis. Retomei a crítica das formulações que explicavam a safra de ditaduras no continente por meio de imperativos da "acumulação de capital". Esgotado o suposto nacional-desenvolvimentismo, só restariam os efeitos de leis tão férreas quanto imaginárias: estagnação, subconsumo, superexploração.

Diante da determinação econômica, todas as opções políticas se esvaneciam, e a velha dicotomia voltava: revolução ou fascismo, socialismo ou barbárie. Enquanto isso, conjunturas e problemas específicos ficavam ao largo, sem propostas para ampliar as fissuras abertas por contradições do sistema.

Essa análise tinha contrapartida em setores acadêmicos americanos, que atribuíam aos regimes ditos "tecnomilitares" eficiência na tomada de decisões e alocação racional de recursos, sem que as metas de crescimento fossem subvertidas pelos tumultos inerentes ao processo político civil.

Num seminário em Salzburgo para atrair investidores, Mário Henrique Simonsen chegou a falar que a luta de classes fora substituída no Brasil pela fórmula oficial de reajustes salariais...

Escrevi um longo ensaio contra três teses economicistas que versavam sobre as relações entre o desenvolvimento e os regimes autoritários na América Latina. A primeira delas explicava a existência dos regimes pela necessidade da superexploração dos trabalhadores. A segunda estabelecia uma afinidade eletiva entre o autoritarismo e as necessidades do "aprofundamento" do desenvolvimento nas economias mais diversificadas da América Latina. A terceira apresentava o autoritarismo "moderno" como a encarnação da racionalidade econômica, necessária para o desenvolvimento do capitalismo na região.

Noutro ensaio, escrito em conjunto com Fernando Henrique Cardoso (que fora passar algumas semanas no instituto), concentramos a crítica na primeira tese. Creio que o texto — que dominava com rigor as principais variáveis da análise econômica marxista — teve algum papel no descarte da superexploração do trabalho como imperativo para a sobrevivência do capitalismo na América Latina.

A amizade, que se desdobraria por décadas, consolidou-se ali, quando discutíamos de tudo. O ensaio em parceria refletiu afinidade teórica e identidade quanto ao que fazer na política nos anos seguintes. Foi Fernando Henrique quem me explicou como funcionava o MDB, que ele assessorava de perto. Conheci a saga do *Opinião*, semanário bancado pelo patriotismo de Fernando Gasparian.

Ele e outros intelectuais — Francisco Weffort, José Augusto Guilhon, José Álvaro Moisés, Florestan Fernandes, Celso Furtado, Millôr Fernandes, Antonio Candido — revezavam-se na feitura de artigos do jornal dirigido por Raimundo Rodrigues Pereira (depois, por Argemiro Ferreira), no período mais aterrador da tirania.

Fernando Henrique teve importante papel na formulação da estratégia de resistência ao regime mediante a dilatação das oportunidades que se abriam — fossem elas campanhas eleitorais, movimentos contra a carestia nas periferias, assembleias em universidades ou greves de operários. Isso lhe permitiu dialogar com todas as forças sociais — de egressos da guerrilha a puxa-sacos do regime, de estudantes a negociantes, de metalúrgicos a prelados — com a autoridade política e moral de quem fora cassado na USP e combatia a ditadura.

Os imensos limites da (volta à) pátria

No final de 1976, fui convidado a permanecer no instituto até 78. Isso nos trouxe maior segurança e permitiu retomar com mais calma o projeto de retorno ao Brasil.

A partir da avaliação de José Carlos Dias, que se tornara meu advogado, e de Almino Affonso e Plínio de Arruda Sampaio, que já haviam regressado naquele ano, defini que viajaria a São Paulo em 77.

Se tudo corresse bem, ficaria uns quinze dias e voltaria aos Estados Unidos. Teria de fazê-lo para cumprir meu contrato no instituto, acertar emprego(s) no Brasil e dar tempo para Monica concluir seu outro mestrado no Hahnemann College. A mudança definitiva se daria um ano depois.

Minha apreensão principal não era com a possibilidade de prisão ao desembarcar. Achava que suportaria alguns meses na cadeia. E acreditava que não ficaria preso por muito tempo, pois haveria protestos embaraçosos no exterior, a começar pela Casa Branca. Não porque eu tivesse importância, e sim porque o Institute for Advanced Study era conceituado junto ao *establishment* americano.

Além disso, o secretário-adjunto para assuntos latino-americanos do Departamento de Estado era o economista Joseph Grunwald, um amigo de Albert Hirschman e dos pesquisadores da Cepal. A pedido de Hirschman, Grunwald conseguiu que a Casa Branca fizesse saber à ditadura que se preocupava com a minha segurança. Se tivesse de ir para a cadeia, eu achava, seria melhor que fosse preso de forma ostensiva assim que botasse os pés no aeroporto.

A vontade de voltar mexia comigo. Meu pai tinha uma doença cardíaca séria, e sua expectativa de vida era curta. Quanto mais tempo passasse, maiores dificuldades teriam as crianças de se adaptar à vida paulistana. De mais a mais, em meados de 77, já passara no exterior treze anos dos meus dezessete de vida adulta. Acabaria virando um estrangeiro, apesar do esforço para acompanhar o que acontecia no Brasil. Lia tudo o que me chegava. Não perdi um número de *Veja* desde o lançamento da revista, em 1968. Em Cornell, lia os principais jornais diários brasileiros. Mas não bastava. Compreender o país, entendia eu, também era poder ver de relance uma cena de novela, ouvir o papo do balconista com o freguês, acompanhar as modas das moças, ir ao Pacaembu ou ao Parque Antártica torcer pelo Palmeiras, contemplar de uma janela em Brasília o que Vinicius de Moraes chamou de "imensos limites da pátria".

Last but very far from least, estava ansioso para retomar a luta política no Brasil. Do jeito que desse. Em nenhum momento do desterro, duvidei de meu propósito e destino. Tudo o que estudei lá fora teve este norte: preparar-me para uma presença exemplar na vida pública brasileira.

Como Princeton fica a uma hora de trem de Nova York, e Paulo Francis era correspondente da *Folha* na cidade, ficamos amigos. Passamos o réveillon de 1976/77 em seu apartamento. Conversávamos com frequência e, às vezes, Francis telefonava para checar números de economia — números, não ideias, porque essas ele as tinha em abundância. Num sábado, foi visitar-nos e apanhei-o na estação. Iria preparar-lhe um churrasco em casa. Ao chegarmos, constatei que a churrasqueira não estava funcionando direito e lhe pedi desculpas, chateado. "Não se preocupe, Serra" — disse ele, para arrematar: "Fico feliz, porque detesto churrasco."

Francis tinha modos de lorde de Ipanema. Afável, avoado e cortês, era um *old school* que falava o que de fato pensava, sem fazer média. Não levava opiniões a ferro e fogo, mesmo algumas das suas; não hesitava em mudar de ponto de vista. Quem só o conheceu em jornal (com sua contundência verbal) ou na televisão (na qual criara um personagem estranho e sentencioso) ficaria encantado com sua suavidade. E seria cativado pela bondade de Paulo Francis.

Embora insistisse muito em que não deixasse Princeton, aprendesse o possível nos Estados Unidos e argumentasse que isso também seria bom para Monica e as crianças, ele me ajudou a voltar ao Brasil. Sem que eu pedisse nada. Era amigo de uma diplomata que servia em Nova York, Margarida Zobaran, que, discreta e generosamente, junto com seu colega Carlos Midlendorf, passou-me informações importantes a respeito de minha situação junto às autoridades de Brasília. Mostraram-me que era inviável obter o passaporte nacional, e me acenaram com um papel timbrado e assinado atestando que eu era cidadão brasileiro. Mas até o precário documento seria vetado numa instância superior.

No fim, foi possível obter um telegrama da Embaixada avisando o Itamaraty que eu chegaria em tal voo, a tal hora, em Viracopos. Desembarquei no dia 18 de maio de 1977.

CAPÍTULO X

O regresso

"Pedimos ao passageiro José Serra que permaneça no seu assento depois de a aeronave estacionar." Transmitido pelo alto-falante enquanto o avião taxiava, o aviso foi repetido assim que as turbinas foram desligadas, para que não houvesse dúvidas. Sem graça, virei-me para a jovem senhora da poltrona ao lado e disse: "Olha, José Serra sou eu. Quero lhe pedir um favor: ao desembarcar, procure no saguão um advogado que está me esperando, o doutor Leal, e diga que fui obrigado a ficar no avião. Acredite, não sou nenhum criminoso, mas um exilado político que está voltando."

Ela me olhou com surpresa e não disse uma palavra. Desviou os olhos, arrumou seus pertences e levantou-se assim que pôde. Embarcara em Lima, onde fora visitar um parente, sentou-se a meu lado e conversamos trivialidades durante o voo. Sua reação aumentou meu constrangimento.

Uma aeromoça pediu que me identificasse. Gente que ia à frente virou-se; quem estava atrás esticou o pescoço para ver o que ocorria. Minha timidez se tornou apreensão, suponho que bem disfarçada.

Com o avião vazio, disseram-me que andasse até a porta de desembarque, onde me aguardava um jovem atlético, com toda a pinta de policial. Antes que me levantasse, ele ergueu o polegar direito e sorriu de leve, acho que querendo dizer "não se preocupe". Desceu a escada do avião à minha frente e abriu a porta de um fusquinha do Ministério da Fazenda. Saberia depois que o Serviço Nacional de Informações (SNI), usava a estrutura da Fazenda em algumas operações. "Para onde vamos?" — perguntei. "Não se preocupe. Está tudo bem" — respondeu.

Levaram-me à sala do chefe da Polícia Civil no aeroporto, delegado Claudinei Pasquetto. Ele disse que me aguardavam porque eu comunicara a viagem ao governo federal. Em seguida, fez-me um interrogatório com perguntas sem pé nem cabeça, lidas num papel. As questões eram tão absurdas que, às vezes, o delegado reconhecia: "Eu sei que não faz sentido, mas são as instruções que temos aqui."

Entre as indagações plausíveis, quiseram saber se havia me encontrado com João Goulart e se cursara a Lumumba, universidade soviética cujo nome homenageava Patrice Lumumba, herói da luta anticolonial na África.

Antes de me liberar, o delegado avisou que apreenderia meu passaporte italiano, porque era proibido aos brasileiros circular pelo país com documento estrangeiro. Pediu o endereço e o telefone de onde ficaria. Falou que eu seria procurado por um doutor Camilo. "Para a sua segurança, é importante o senhor atendê-lo."

Havia o povo, e ele falava português

No saguão, tive ímpetos de cair de joelhos e beijar o chão do aeroporto de Viracopos — tamanha a minha alegria. Reconsiderei assim que vi meus pais, primos, tias, os parentes todos me aguardando. Achariam que voltara doido.

Um homem nutrido, com um bigode à la Fu Manchu, abraçou-me. Era Sérgio Motta. Quem diria? Estava com um quilo a mais para cada um dos doze anos transcorridos desde nosso último encontro, naquelas semanas em que vivi clandestino em São Paulo.

Depois de abraços, lágrimas e beijos incontáveis, peguei carona no carro do advogado José Roberto Leal, colega de José Carlos Dias, que estava viajando. Na viagem de Campinas a São Paulo, contei-lhe sobre como fora o interrogatório e ele me deu elementos preciosos a respeito de depoimentos de prisioneiros que eu conhecia, e combinamos de ir logo à Auditoria Militar para que eu os lesse. Precisava me inteirar do que detidos e torturados haviam dito sobre mim.

Hospedei-me na casa de uma prima, Bidú, que morava perto do centro e tinha telefone. Meus pais telefonavam de um vizinho — o serviço era caro — e moravam longe. Além do mais, Bidú tinha carro e poderia levar-me a visitas e encontros.

Andar com alguém ao lado não era só uma questão de segurança, mas de orientação. São Paulo me pareceu deteriorada e confusa. O trânsito era intenso, ameaçador, contínuo. Havia pelo menos sete vezes mais carros do que em 1964, como aprendi nas semanas seguintes. A cidade ficara mais barulhenta e um tanto bagunçada.

Cheguei com uma espécie de *software* na cabeça: confrontar a metrópole que eu deixara, havia mais de treze anos, com aquela do presente — descontadas as semanas de 1965, quando estivera escondido e não circulara pelas ruas. Levara uma cidade na mente e, ao voltar, encontrara outra, quase feia e desordenada. Registrava todas as diferenças, poucas para melhor. Levei um susto especial com o Minhocão — batizado de elevado Costa e Silva, uma homenagem ao presidente que decretou o AI-5 e que fora padrinho político do prefeito que fez a obra —, destinado a facilitar a interligação entre as zonas Leste e Oeste da cidade.

Numa tacada só, o Minhocão destruíra o parque Dom Pedro II e degradara a avenida São João. Graças também ao Minhocão e à construção de um estacionamento subterrâneo, destruíra-se a praça Roosevelt.

A avenida Paulista havia sido alargada, e os casarões que lhe davam identidade não existiam mais. Algo semelhante ocorrera na rua da Consolação. Os bondes, caros para instalar e baratos de manter, tiveram suas linhas aterradas sem mais. As ruas dos Jardins estavam atulhadas de prédios. A praça Clóvis Bevilácqua fora absorvida pela da Sé. Sumira o palacete Santo Helena, com sua arquitetura emblemática dos anos 1930. Os ateliês de dezenas de artistas que ali se instalaram jaziam sob o chão sujo da Sé. "Por quê?" — indaguei. Para fazer a estação do metrô, responderam. Também devido a uma estação de metrô, liquidou-se o largo São Bento. Em nenhuma cidade as estações de metrô — com suas toneladas de cimento — faziam figura de vanguarda do aviltamento urbano.

Enfim, vi consternado grandes barbeiragens feitas pela nossa engenharia e alguns dos grandes delitos urbanos cometidos pelo poder público. Constatei na rua o significado da modernização atabalhoada do regime militar e a exacerbação do "milagre" econômico: distorção dos interesses públicos, obras perdulárias feitas sem nenhum capricho, bloqueio da criatividade, desprezo por qualquer noção de beleza, ausência irracional de planejamento do futuro.

A cidade crescera brutalmente, sem pensar no amanhã, e se deformara. Anos depois, ao ouvir uma canção de Caetano Veloso, pensei na sensação que tive, então, ao voltar a São Paulo e ao visitar algumas grandes cidades no país: "Aqui tudo parece que é ainda construção e já é ruína", evocando a impressão de Lévi-Strauss sobre as cidades do Novo Mundo: "Vão do frescor à decrepitude sem se deterem no antigo."

Descobri também o tamanho daquilo a que se chamava "periferia" nas margens de todos os quadrantes da cidade. Era o reflexo das migrações que mais do que duplicaram a população da grande São Paulo. Aprendi que "periferia" significava quatro horas de transporte para ir e vir do trabalho, falta de serviços públicos essenciais, insegurança e péssimo meio ambiente. Isso viria a exigir décadas e décadas de investimentos para corrigir a falta de planejamento e as distorções cometidas em uns poucos anos.

Havia o povo. Ele falava português. E eu nunca mais o escutara nas calçadas. Chegava a parar ou olhar para trás, surpreso, quando cruzava com dois conterrâneos anônimos conversando na nossa língua. Foi o que mais estranhei nos primeiros dias.

Em escala massiva, em diferentes classes sociais e faixas etárias, de maneira reiterada, qualquer que fosse a situação ou o ambiente, mulheres e homens afirmavam: "Tudo bem!" Ou perguntavam: "Tudo bem?" E eu não sabia se estava tudo bem. Aparentemente, sim: voltara para os meus e para casa. Mas o povo paulistano me pareceu acabrunhado, receoso.

Multidões sem fim perambulavam pelas ruas, e eu tentava imaginar o que cada um pensava, o que sentia e queria. Quem era esse povo todo?

Bastavam alguns minutos de conversa, porém, para reaparecer aquilo, dei-me conta, de que tinha saudade: o sorriso gentil, a intimidade instantânea, o toque, a piscadela cúmplice, o inesperado gracejo, a maledicência que é quase ternura, a sedução implícita no gesto à toa. O calor humano brasileiro aquecia quem vinha do frio.

Era como se começasse a viver de novo. O economista Antonio Barros de Castro me visitou e achou uma imagem para o que se passava comigo — um súbito aquecimento do clima e, de repente, um desses animais pré-históricos congelados na Sibéria por milênios readquiriu vida. Aquele bicho era eu.

Mas eu não ficara congelado. Saíra agitador noviço e voltara professor adulto. O duplo exílio — do Brasil e do Chile — tivera influência profunda na minha visão das coisas. Mudara meu modo de ser, embora todos dissessem que eu parecia o mesmo de antes.

Mudara também o Brasil, que, no entanto, acolhia-me como a um amigo que ficara distante demasiado tempo. A garra da batalha pela derrubada da ditadura me dava alento. Volta e meia, lembrava-me de uma frase de Raúl Prebisch: "Vim para colaborar e lutar até convencer os outros, ou até que os outros me convençam."

João Manoel Cardoso de Mello e Juarez Brandão Lopes me chamaram para trabalhar na Unicamp e no Cebrap. Os amigos continuavam firmes, solidários. Tinham engordado, emagrecido, penado, prosperado, pouco importava... Na substância, eram os mesmos. Uns raros se distanciaram para sempre. A experiência do afastamento, quando vivida de forma gradual, não machuca especialmente; é um fato da vida. Mas causa traumas quando há uma ausência forçada e prolongada de uma das partes, cuja expectativa inconsciente é de que tudo continue como dantes.

Eu sou quem fui

O doutor Camilo telefonou: "Tudo bem?" Disse-me para ir ao último andar do Ministério da Fazenda, na avenida Prestes Maia. Fui, e conversamos na biblioteca. Embora nada falasse de explícito, nem eu perguntasse, deixou claro que pertencia ao SNI.

Disse-me que eu voltava ao Brasil mais experiente e preparado, e que isso preocupava o sistema, porque se supunha que retomaria as "atividades subversivas". Perguntei, irônico: "Então, quanto melhor, pior?" Ele não riu. A sério, falei: "Volto para trabalhar na universidade, dar aulas e escrever, da forma mais pública possível."

Ficamos por aí. Camilo assegurou que eu não seria incomodado. Mas acrescentou, com um quê de mistério, que, se tivesse algum problema ou fosse procurado, que o avisasse.

Foi o que tive de fazer ao tentar tirar o passaporte brasileiro para voltar a Princeton.

Depois de dias de espera, disseram que teria de ser interrogado na sede da Polícia Federal, na rua Piauí, em Higienópolis, região central de São Paulo. Camilo pareceu contrariado e falou que averiguaria. Ligou mais tarde e disse que eu deveria comparecer ao interrogatório, e que o informasse em seguida o que ocorrera.

Os inquisidores, apesar de estarem de roupas civis e sem gravata, eram militares. Submeteram-me a dois dias de perguntas, umas vinte horas no total. Pessoas detidas, antigos membros da AP que tinham se incorporado ao PCdoB, haviam falado de mim. O que contaram sob tortura aos verdugos, porém, eram fatos claramente inventados, misturados com verdades inócuas. Meus interrogadores davam nomes, queriam pistas. Eu não neguei conhecer alguns, mas nada sabia a seu respeito. Aliás, a respeito de ninguém. Houve também perguntas sobre acontecimentos no Chile. Respondi a tudo com calma e lógica.

Quando o questionamento terminou, começaram de novo. Tentavam me fazer cair em contradição, acho. Como era demorado, eu lhes propus uma metodologia que abreviasse o tempo gasto nas repetições: eles não leriam a íntegra das perguntas, e eu daria respostas resumidas. Toparam. Pareciam convencidos de que eu não iria me contradizer. Assim fizemos. Lá pelas tantas, pedi que me dessem o texto das perguntas. Para economizar a leitura e reduzir as respostas ao essencial. Enfastiados, concordaram novamente.

Entrou na sala um homem de japona que não participara da inquisição. Todos se ergueram e se aprumaram, sinal de que era um superior na hierarquia militar. Ele continuou de pé. Seco e impaciente, embora sem ser descortês, afirmou que não se conformava com o fato de eu não ter sido preso no aeroporto, como meu passado e ações recomendavam. E perguntou, de chofre: "O senhor, que tanto denegriu a imagem do Brasil no exterior, fez algum entendimento com setores do governo para poder voltar em paz?" Respondi: "O senhor me desculpe, mas acho a pergunta imprópria. Para mim, os senhores representam o governo. Tanto que estão me interrogando oficialmente. Meu único contato com o governo foi via Itamaraty, pois pedi a diplomatas que avisassem a data exata da minha chegada, com o número do voo. Por isso, suponho, fui interrogado no aeroporto." Ele retomou: "Preocupa-nos o que o senhor vai fazer agora. Seus antecedentes não o recomendam como cidadão pacífico." Respondi: "Não concordo, senhor!"

Ele não insistiu. Creio que fora lá mais pela curiosidade de conhecer um dos espécimes do mundo subversivo, a fim de aperfeiçoar sua tipologia a respeito. Ao sair, de forma cordial, deu-me um papelzinho com um nome e o número de uma caixa postal. Se tivesse algum problema, deveria escrever-lhe. Não lhe pedi esclarecimentos.

Fui liberado, liguei para Camilo e relatei o interrogatório. Não mencionei a caixa postal porque tinha certeza de que me pediria o número. Não queria me meter no que tinha jeito de ser uma querela entre dois serviços de Inteligência.

Naqueles dias, participei de um encontro político discreto, num sítio de Jorge Cunha Lima, em Itu. Entre outros, estavam presentes Fernando Henrique Cardoso, Almino Affonso e Plínio de Arruda Sampaio. Avaliamos a conjuntura e debatemos se valeria a pena organizar uma tendência dentro do MDB, mais à esquerda, o que serviria de embrião para um partido de corte popular e democrático. Ainda que eu mais escutasse do que falasse, pediram que analisasse a situação econômica. Mostrei que a inflação só iria piorar e que isso enfraqueceria o regime.

Plínio e Almino — ambos inelegíveis em razão da cassação de seus direitos políticos — mencionaram pela primeira vez a hipótese de

Fernando Henrique ser candidato ao Senado no ano seguinte, como forma de aglutinar forças. Chegou Samuel Wainer. Disse que aquele grupo ali poderia dar a linha política e talvez se incorporar ao jornal que criara havia pouco, o *Aqui São Paulo*.

Havia muito a fazer. Era preciso confrontar pontos de vista, estudar dados oficiais, escrever artigos, organizar núcleos, buscar alianças, convencer jornalistas, criar palavras de ordem, difundir ideias em universidades e sindicatos. Lá estava eu, recomeçando a fazer política com os meus parceiros, querendo mudar o Brasil. Eu sou quem fui, pensei.

O passaporte até que enfim saiu. Enquanto aguardava o visto americano, fizemos um grande almoço na casa da tia Thereza. O ambiente era o simétrico do jantar triste na véspera do exílio. Calei o lamento de não ver meus avós Steffano e Carmela, que haviam falecido, respectivamente, três e quatro anos antes. Eu os adorava. Para todos no almoço, eles estavam ausentes havia tempo. Não para mim. Houve gargalhadas, brindes, vaticínios otimistas quanto ao futuro, beijos, as lágrimas quentes da alegria, até dança e canto. Fez-se silêncio, e projetaram na parede um filme caseiro, feito com a câmera do tio Ninello. Eram testemunhos da minha gente toda. Traga as crianças! Você faz falta! *Ritorna subito!* Voltei. Um filho de pequeno comerciante agora com diploma, professor.

A luta tinha sido árdua até ali, com dores, mas também com conquistas. Houve distância e dor em demasia. Mas tivera a alegria de amar, a riqueza de aprender, a sorte de ter amigos. Mesmo mantido à distância pelos ditadores, participara da luta nacional. E o mais difícil ainda estava por vir: a democratização do Brasil, tarefa apenas em parte realizada ainda hoje. Afinal, a democracia que convive bem com as iniquidades nos convida ao conservadorismo sem imaginação. Por outro lado, a permanente crispação das demandas, que não cuida de conservar o que se conquistou, conduz a impasses. De algum modo, é o equilíbrio dessas duas forças que nos faz avançar. Os países se tornam estáveis quando mudam com prudência e conservam com coragem. A saudável tensão entre esses dois impulsos livra as nações dos desastres do reacionarismo e do populismo, duas forças que têm um longo passado no Brasil, mas que não oferecem futuro.

Continuo na luta. Não sei viver de outro jeito.

Índice Onomástico

Abranches, Sérgio, 230
Abreu, Marcelo, 228
Ação Popular, 23, 26, 62, 67, 70, 72, 135, 143
Adoc (Assessoria de Documentação de Política Exterior), 102
Affonso, Almino, 18, 75, 87, 120, 169, 170, 178, 240, 254
Alambert, Zuleika, 46, 70
Alarcon, Rodrigo, 178
Alessandri, Jorge, 203
Allan Poe, Edgar, 168
Allende, Monica, 183, 184, 212, 213, 217, 220, 226, 232, 235, 241, 242
Allende, Salvador, 88, 201, 203-207, 212, 219, 222, 234, 236
Althusser, Louis, 121
Alves, Ataulfo, 95
Alves, Mário, 84
Alves, Osvino, 19
Andrade, Auro de Moura, 37
Andrade, Jader de, 169, 170
Andrade, Mário de, 150, 153, 169

Aragão, Cândido, 39, 40, 98, 191
Arantes, Aldo, 61, 135, 155, 175
Arantes, Paulo, 62
Arap, Fauzi, 66, 149, 150
Arbenz, Jacobo, 73
Arellano, Victoria, 222
Arrabal, Fernando, 152
Arraes, Miguel, 15, 18, 26, 32, 33, 34, 69, 100, 118
Arruda Sampaio, Plínio de, 75, 104, 169, 178, 229, 232, 240, 254
Assis Brasil, 42, 44
Assis Chateaubriand, 59
Assis, Chico de, 61
Aumond, Carlos, 119
Aureliano, Liana, 180

Babi (mulher de Paulo Alberto Monteiro de Barros), 169, 181
Bacha, Edmar, 185
Balé Nacional da Universidade do Chile, 183, 217
Banco Interamericano de Desenvolvimento, 229, 236

Banco Nacional, 58
Bandeira, Manuel, 149, 150
Banzer, Hugo, 98
Barbosa Lima, Fernando, 181
Barelli, Walter, 71
Barrientos, René, 107, 110
Barros, Adhemar de, 17, 36, 37, 56, 73, 82, 100, 108
Barros, Paulo Alberto Monteiro de (Artur da Távola), 51, 95, 169
Basílio (tio de José Serra), 46
Batista de Andrade, João, 144
Batista, Demístocles (Batistinha), 16
Batista, Fulgêncio, 79
Batistinha (dirigente do CGT), 16, 48
Beatles, The, 112
Beauvoir, Simone de, 121
Berlitz, 229
Bernstein, Eduard, 197
Berta, Ruben, 100
Bevilácqua, Clóvis, 44
Bevilácqua, Pery, 75
Bianchi, Egídio, 143, 154
Biato, Francisco, 180
Bicudo, Hélio, 58
Bidú (prima de José Serra), 249
Bilac Pinto, 27, 41
Boal, Augusto, 150
Bocayuva Cunha, Luiz Fernando, 130
Borba, Emilinha, 129
Bordaberry, Juan María, 134
Borer, Cecil, 50
Borges, Jorge Luis, 52
Bosch, Juan, 174
Brady, Herman, 222
Brandão Lopes, Juarez, 252
Brando, Marlon, 229
Brasil Urgente (semanário), 62

Brasiliense (revista), 178
Brecht, Bertolt, 15
Brizola, Leonel, 15, 16, 18, 25, 26, 29-34, 36, 41, 44, 47, 48, 59, 60, 62, 78, 108, 130, 135, 136, 143, 155, 175
Brizola, Neusa Goulart, 30
Brun, Gladis, 179
Bruno, Giordano, 225
Bukharin, Nicolai, 65

cabo Anselmo, 40
Café Filho, 28
Caixa Econômica, 81
Caldeira Brandt, Vinicius, 135
Câmara Canto, Antonio, 215
Câmara, dom Hélder, 237
Cameron, Rondo, 183, 189
Campos, Álvaro de, 152, 201
Campos, Eduardo, 69
Candido, Antonio, 240
Cardonnel, Thomas, 72
Cardoso de Mello, João Manoel, 252
Cardoso, Fernando Henrique, 57, 170, 192, 239, 240
Carmelo de Vasconcelos Motta, dom Carlos, 39, 144, 145
Carter, Jimmy, 237
Carter, Rosalind, 237
Carvalho Pinto, 31, 32, 58
Castello Branco, Carlos, 59
Castelo Branco, Humberto de Alencar (general), 40, 99, 174
Castillo, Álvaro, 94
Castro, Fidel, 79, 121, 122, 176
Castro, Josué de, 122
Cauas, Jorge, 166
Cavalcanti, Tenório, 47
Cebrap (Centro Brasileiro de Análise e Planejamento), 252

Cendes (Universidad Central de Venezuela), 193
Centro Latino-Americano de Demografia, 163, 214
Cerqueira Leite, Ana Maria de, 152
Cerqueira, Marcelo, 18, 44, 46, 49-51, 93, 96, 109, 130
CGT (Comando Geral dos Trabalhadores), 16
Chirico, Steffano, 226
Churchill, Winston, 22
Colombo, Cristovão, 137
Comitê de Denúncia à Repressão no Brasil, 178
Conan Doyle, Arthur, 74
Conceição Tavares, 167, 190, 196
Cony, Carlos Heitor, 51, 98
Corrêa, Jose Celso Martinez, 150
Correia, Hércules, 35
Correio da Manhã, 51, 62, 98
Correios, 44, 46
Cortázar, Julio, 190
Costa e Silva, Artur da, 51, 94, 156, 249
Costa Gavras, Constantin 129
Costa Neves, Conceição da, 38, 39
Costa Santos, Max da, 46, 62
Coutinho, Eduardo, 61, 70, 181
CPC (Centro Popular de Cultura), 55, 60, 70, 144, 180
Cristianismo Hoje (revista), 172
Cristina Maria (madre), 146
Crockat de Sá, Gilberto, 123
Cunha Bueno, 38, 39
Cunha Lima, Jorge, 254
Cunha Mello (general), 46
Cunha, Euclides da, 147, 149
Cutal (Central Única de Trabalhadores da América Latina), 29

D'Ávila Mello, Ednardo, 179
Dantas, Jair, 40
Davis, Tom, 231, 232
Day, Doris, 147
De Gaulle, Charles, 77, 117
Debray, Regis, 136, 156
Departamento Francês de Ultramar, 129
Deutscher, Isaac, 127, 190
Di Cavalcanti, 60, 118
Diários Associados, 59
Dias, José Carlos, 240, 249
Diegues, Cacá, 70
Dona Emilinha (mulher de Anísio Teixeira), 51
Dona Ilda (mulher de Ernani Fiori), 185
Dops (Departamento de Ordem Política e Social), 50, 69, 153, 155
Dorfman, Ariel, 207
Dostler, Anton, 238
Dressel, Heinz, 227, 228
Duarte Pereira, 18, 33, 56, 61
Duarte, Regina, 151
Dubcek, Alexander, 187
Duque de Caxias, 95
Dutra, Eurico, 28, 74

Edelstam, Harald, 219
Einstein, Albert, 236
Eisenstein, Serguei, 94
El Clarín, 159
El Panorama Económico, 195
El Siglo, 213
Elliott, John, 236
Engels, Friedrich, 65, 121
Estevam Martins, Carlos, 70, 166

Faletto, Enzo, 170, 215
FAO, 225
Faria Lima (brigadeiro), 154

Faria, Vilmar, 192
Federação Mundial da Juventude, 211
Fernandes, Florestan, 240
Fernandes, Millôr, 151, 240
Ferreira Gullar, 60, 61, 215
Ferreira, Argemiro, 240
Ferreira, Rogê, 22
Figueiredo, João Baptista, 64
Fiori, Ernani, 185
Fleury, Sérgio, 177
Flores, Fernando, 207
FMP (Frente de Mobilização Popular), 15, 18, 19, 25, 28-31, 35, 46, 60, 85, 144
Folha de S. Paulo, 20, 194, 201
Fontoura, Fernando, 194
Fourier, Charles, 121
Francis, Paulo, 59, 60, 242
Franco, Francisco, 112
Frazão, Rui, 178
frei Betto (Carlos Alberto Libânio Christo), 62
Freire, Paulo, 171
Freire, Roberto, 62
Freire, Vitorino, 111, 112
Freitas, Jânio de, 62
Frenkel, Roberto, 212
Fritsch, Winston, 228
Frondizi, Arturo, 65
Fundação Ford, 191
Furtado, Celso, 31, 82-84, 124, 228, 240

Gagarin, Yuri, 153
Galeano, Eduardo, 136
Galenson, Walter, 232
Galvão, Nei, 32
García Márquez, Gabriel, 189, 190
Garcia, Marco Aurélio, 215
Gardel, Carlos, 186

Garrincha, 217
Gasparian, Fernando, 120, 240
Gaudenzi, Sérgio, 76
Geertz, Clifford, 236
Geisel, Ernesto, 177, 237
Germi, Pietro, 158
Gervaiseau, Pierre, 118, 129
Gide, André, 128
Giorgio (avô de José Serra), 226
Goebbels, Joseph, 74
Gonçalves Dias, 89
Goulart, João (Jango), 15-49, 56, 64, 68, 77, 78, 81, 82, 84, 85, 87, 88, 98, 99, 111, 120, 206, 248
Goulart, Maria Teresa, 34, 61
Gouveia, Marli, 155
Grunwald, Joseph, 241
Guarnieri, Gianfrancesco, 70
Gudin, Eugênio, 150
Guevara, Ernesto (Che), 79, 110, 121-123, 133, 175
Guilhon, José Augusto, 240
Guinle, Octávio, 192, 194

Hirschman, Albert, 80, 125, 164, 233, 236-238, 241
Hirszman, Leon, 52, 61, 70, 180, 181
Hitler, Adolf, 118
Hoffmann, Ulrich, 178
Huberman, Leo, 166
Hudson, Ruck, 147
Hugueney, Clodoaldo, 191

Ianni, Octavio, 130
Iapi (Instituto de Aposentadorias e Pensões dos Industriários), 154
Ibad (Instituto Brasileiro de Ação Democrática), 23, 27, 36
Ilia, Arturo, 157, 186

Ilpes (Instituto Latino-Americano de Planejamento Econômico e Social), 163, 164, 166, 167, 170, 179, 180
Institute for Advanced Study, 234, 241
Instituto de Estudios Sociales y Económicos, 176
International Telephone e Telegraph, 206
Interpol, 159, 193
Isabella (avó de José Serra), 226
Iseb (Instituto Superior de Estudos Brasileiros), 95
Itamaraty, 94, 101, 105, 153, 159, 192, 243, 254

Jabor, Arnaldo, 70
Jaimovich, Marcos, 70
Jara, Victor, 217
João XXIII (papa), 65, 67
Joos, Kurt, 184
Josaphat, Carlos, 62
Julião, Francisco, 41
Julien, Claude, 122
Júnior, Lomanto, 18
Jurema, Abelardo, 111

Kafka, Franz, 129
Kennan, George, 236
Kennedy, John, 65, 80, 202
Klabin, Jenny, 147
Kligerman, Jacob, 50
Koestler, Arthur, 128
Kowalski, Stanley, 229
Kruel, Amaury, 19, 22, 45, 46, 50, 153
Kubitschek, Juscelino, 28, 36, 37, 44, 45, 48, 51, 77, 81, 82, 99
Kubrick, Stanley, 183
Kuhn, Thomas, 236
Kusnet, Eugênio, 150

La Moneda, 212, 234
Lacerda, Carlos, 16-19, 22, 29, 36, 48, 56, 58, 65, 78, 82, 95, 98-100, 173
Lagos, Ricardo, 219
Lavanderos, Iván, 218, 219
Le Monde, 122
Leal, José Roberto, 247, 249
Leão, Danuza, 120
Lebret, Louis Joseph, 106, 125, 126
Lechín, Juan, 110
Leigh, Vivien, 229
Lelouch, Claude, 230
Lenin, 124, 125, 190
Lessa, Carlos, 166-168
Letelier, Orlando, 236
Lévi-Strauss, Claude, 250
Ligas Camponesas, 41, 135
Lima Duarte, 38
Lincoln Gordon, 22
Lins, Marcos, 118, 130
Lora, Guillermo, 110
Los Angeles Times, 19
Lott, Henrique Teixeira, 28, 40, 45, 64
Lumumba (Universidade de Amizade dos Povos Patrice Lumumba), 248
Lumumba, Patrice, 248
Luxemburgo, Rosa, 197

Machado de Assis, 74, 146
Madeira, Arnaldo, 71, 144
Magalhães Lins, José Luiz de, 58, 59, 62
Magalhães Lins, Juracy, 82
Magalhães Pinto, 29, 30, 36, 43, 58, 82
Magalhães, Fernando, 195, 220
Magalhães, Sérgio, 48
Malraux, André, 117
Malta, Otávio, 59
Marshall, Alfred, 188
Marx, Karl, 65, 121, 188

261

Matta Machado, José Carlos da, 178
Mayrink Veiga (rádio), 16
Mazzilli, Ranieri, 38
Médici, Emílio Garrastazu, 192
Mello, Thiago de, 178
Mendes, Paulo, 76
Mesquita, Ruy, 67
Midlendorf, Carlos, 242
Mill, Stuart, 188
Mindlin, Sérgio, 230
Miró, Carmen, 214
Mishan, E. J., 88
Moisés, José Álvaro, 240
Montand, Yves, 129
Monteiro, Rogério, 96
Montoro, Franco, 103, 104, 148, 154
Moraes Filho, Evaristo de, 51, 96
Moraes, Vinicius de, 86, 151, 242
Moreira Alves, Márcio, 178
Moreira, Neiva, 27, 108, 109
Mota, Sílvio, 39
Motta Lima, Pedro, 127, 128
Motta, Sérgio, 43, 69, 143, 144, 154, 155, 157, 165, 248
Mussolini, Benito, 112, 238

Nakano, Yoshiaki, 230
Niemeyer, Oscar, 64
Ninello (tio de José Serra), 255
Nixon, Richard, 229
Nkrumah, 66
Nunes, Augusto, 20

O Estado de S. Paulo (*Estadão*), 66, 67, 79
O Globo, 165
OIT (Organização Internacional do Trabalho), 163, 221
Olas (Organizacion Latinoamericana de Solidariedad), 175, 176
Olavo da Cunha, Carlos, 108
Oliveira, José Aparecido de, 29, 43
Olivier, Laurence, 74
Onganía, Juan Carlos, 186
ONU, 203
Oppenheimer, Robert, 236
Orff, Carl, 184
Orwell, George, 128
Ossa, Manoel, 177
Owen, Robert, 121

Pacheco, Osvaldo, 18
Padilha, Raymundo, 21, 22
Paiva, Eunice, 120
Paiva, Rubens, 22, 120
Partido Comunista (Chile), 202, 211, 213
Partido Comunista Argentino, 132
Partido Comunista da URSS, 211
Partido Comunista Francês, 121
Partido Comunista Tcheco, 187
Partido Democrata (norte-americano), 237
Partido Obrero Revolucionario, 106
Partido Socialista (Brasi), 118, 202, 207
Partido Socialista (Chile), 202
Pasquetto, Claudinei, 248
Paz Estenssoro, Víctor, 106-108, 110
PCB (Partido Comunista Brasileiro) (Partidão), 15, 25, 32-34, 38, 45, 46, 48, 50, 70-72, 76, 84, 85, 95, 127, 144, 170, 177, 178, 180, 182, 208, 211
PCdoB (Partido Comunista do Brasil), 176, 177, 235, 253
PDC (Partido Democrata Cristão), 103, 166
PDS (Partido Democrático Social), 111
Pedrosa, Mário, 179
Peralva, Osvaldo, 127
Pereira, Temperani, 31

Perón, Juan Domingo, 73
Petty, William, 188
Pinheiro Guimarães, Samuel, 192
Pinheiro Neto, João, 34
Pinochet, Augusto, 166, 177, 178, 201, 202, 211, 212, 231, 236
Pinto, Aníbal, 167, 179, 180, 183, 188, 195, 196, 222
Plínio Marcos, 144
Polanski, Roman, 207
Prado Jr., Caio, 65, 179, 182
Prats, Carlos, 208, 211, 212
Prebisch, Raúl, 163-165, 252
Prestes, Luís Carlos, 33, 211
PSD (Partido Social Democrático), 17, 26, 28, 33, 37, 43, 48, 82, 100, 111
PSP (Partido Social Progressista), 108
PT (Partido dos Trabalhadores), 197
PTB (Partido Trabalhista Brasileiro), 18, 28, 33, 51, 95, 120
Puente Uceda, Luis de la, 123

Quadros, Jânio, 16, 28, 77, 78, 108, 154

Rabello, José Maria, 108
Rádio Nacional, 44, 46, 52
Ramallo, Luis, 214
Randall, Tony, 147
Ravache, Irene, 152
Ribeiro, Ivan, 225
Ricardo, David, 188
Robinson, Joan, 32
Rodrigues Pereira, Raimundo, 240
Rodrigues, Dagoberto, 44, 46
Rodrigues, Nelson, 67, 237
Rodrigues, Paulo Mário, 39, 47

Sabato, Ernesto, 190
Sá-Carneiro, Mário de, 67

Sachs, Ignacy, 222
Saint-Simon, 121
Salazar, António de Oliveira, 145
Salm, Cláudio, 180
Sampaio, Francisco, 229
Samuelson, Paul, 124, 165
San Tiago Dantas, Francisco Clementino de, 17, 31, 32, 63, 64, 83
Santayana, Mauro, 108, 109
Santos, Carlos Alberto, 70
Santos, Paula, 153, 154
Santos, Paulo de Tarso, 26, 30, 59, 75, 104, 169, 171
Santos, Theotonio dos, 215
São Tomás de Aquino, 174
Sarasate, Paulo, 58
Sargentelli, Osvaldo, 181
Sartre, Jean-Paul, 121
Sawaya, Silvio, 71
Schumpeter, Joseph, 168, 188
Segall, Beatriz, 147
Segall, Lasar, 148
Segall, Maurício, 130, 142, 147, 153, 165
Segall, Oscar, 148
Seixas, José Carlos, 71, 141
Serra, José, 16, 35, 93, 100, 111, 135, 141, 155, 181, 192, 193, 201, 218, 226, 228, 233, 242, 247
  Chirico, José Serra, 193
  Serra, Giuseppe, 226
Serra, Luciano, 185, 193, 220, 235
Serra, Veronica, 184, 193, 204, 220, 225, 235, 237
Sfat, Dina, 152
Shakespeare, William, 187
Signoret, Simone, 129
Silone, Ignazio, 128
Silva, Luiz Inácio Lula da, 64, 192
Silva, Orlando, 95

Silveira, Ênio, 31
Simonsen, Mário Henrique, 239
Sindicato dos Metalúrgicos do Rio de Janeiro, 39
Siqueira, Givaldo, 70
Smith, Adam, 188
SNI (Serviço Nacional de Informações), 248, 252
Soares Pereira, Jesus, 169
Soares, Gláucio, 191
Soares, Guido, 101-103
Soares, Silvério, 218
Souza, Herbert José de (Betinho), 26, 29-31, 44, 72, 75, 76, 135, 155, 175-177, 213, 214
Souza, Luís Alberto Gomes de, 72
Souza, Paulo Renato de, 185
Spinoza, Jorge, 217
Stalin, Josef, 41, 50, 75, 127, 190
Stanislavski, Constantin, 150
Stern, Fritz, 77
STF (Supremo Tribunal Federal), 24
Stravinsky, Ígor, 184
Suassuna, Ariano, 151
Sudene (Superintendência de Desenvolvimento do Nordeste), 118, 119, 169, 178
Supra (Superintendência da Reforma Agrária), 34
Sweezy, Paul, 165, 168

Teitelboim, Volodia, 211
Teixeira, Anísio, 51, 179, 181
Teixeira, Francisco, 47
Temer, Michel, 71
Toninho Cavalo, 51
Torres, Camilo, 123
Torres, Juan José, 97
Torrijos, Omar, 214

Touraine, Alain, 119
Touré, Sékou, 66
Trintignant, Jean-Louis, 230
Trotski, Leon, 127, 190
Trujillo, Rafael, 174
Tsé-tung, Mao, 72
TV Tupi, 38

UDN (União Democrática Nacional), 27-29, 38, 43, 48, 58, 82
UEE (União Estadual dos Estudantes), 64-66, 69, 71, 76, 120, 144, 145, 147, 153, 155
UIE (União Internacional dos Estudantes), 127
Última Hora (jornal), 20, 24, 59, 120
UNE (União Nacional dos Estudantes), 15-19, 21, 23, 26, 31, 33, 39-42, 44, 45, 46, 48, 50, 52, 53, 55, 66, 68-70, 75, 76, 77, 87, 97, 99, 100, 118, 119, 135, 145, 155, 166, 180, 215
Unesco, 191, 222
Unicamp (Universidade Estadual de Campinas), 252
Unidade Popular, 201, 203-205, 207, 219, 234
Universidade de Brasília, 181
Universidade de Cambridge, 221, 228
Universidade de Cornell, 221, 222, 229-232, 234, 241
Universidade de Harvard, 168, 169, 192, 238
Universidade de Yale, 221, 222
Universidade do Chile, 182, 183, 188, 189
Universidade Federal de Minas Gerais, 75
Universidade Federal do Rio Grande do Sul, 185
Universidade Livre de Berlim, 228

USP (Universidade de São Paulo), 71, 232, 240
Uthoff, Ernst, 184

Vandré, Geraldo, 152
Vargas Llosa, Mário, 122, 174, 190
Vargas, Getúlio, 16, 22, 28
Vassimon, Sérgio, 39
Vavá, 217
Vaz, Henrique, 72
Veja (revista), 178
Veloso, Caetano, 250
Vianna Filho, Oduvaldo (Vianinha), 50, 61, 70
Videla, Rafael, 98, 187
Vieira de Mello, 17
Violeta (irmã de Miguel Arraes), 69, 118, 120
Von Neumann, 236

Wainer, Samuel, 20, 60, 120, 255
Walter, Gerard, 190
Weffort, Francisco, 170, 171, 175, 240
Wehrmacht, 108
Werneck de Castro, Moacir, 20
Werneck Sodré, Nelson, 45
Whitaker Ferreira, Francisco, 178
Wordsworth, 146
Wright, Jaime, 237
Wright, Paulo Stuart, 96, 123, 172, 173, 178

Yale, 221, 222
Yara (ex-namorada de José Serra), 43, 96, 147

Zama, Caetano, 150
Zarur, Alziro, 96
Zé Keti, 96

Este livro foi composto na tipologia Minion Pro,
em corpo 11,5/16, e impresso em papel Pólen Bold
90g/m² no Sistema Cameron da Divisão
Gráfica da Distribuidora Record.